Die bunte Steine-Projektmappe

Praktische Anregungen für alle Bildungsbereiche

Ulrike Blucha | Iris Knauf

Verlag an der Ruhr

Impressum

Titel
Die bunte Steine-Projektmappe
Praktische Anregungen für alle Bildungsbereiche

Autorinnen
Ulrike Blucha, Iris Knauf

Umschlagmotiv
© Martina Stumpp – Fotolia.com

Fotos
Bildnachweis siehe S. 58

Illustrationen
Elisabeth Lottermoser u.a.

Verlag an der Ruhr
Mülheim an der Ruhr
www.verlagruhr.de

Geeignet für die Altersstufen 3-6

Unser Beitrag zum Umweltschutz
Wir sind seit 2008 ein ÖKOPROFIT®-Betrieb und setzen uns damit aktiv für den Umweltschutz ein. Das ÖKOPROFIT®-Projekt unterstützt Betriebe dabei, die Umwelt durch nachhaltiges Wirtschaften zu entlasten.
Unsere Produkte sind grundsätzlich auf chlorfrei gebleichtes und nach Umweltschutzstandards zertifiziertes Papier gedruckt.

ISBN 978-3-8346-0415-6

Printed in Germany

Inhalt

Inhalt

Vorwort

Steine begegnen uns überall: In den Bergen, an Bächen, am Strand und auch in der Stadt. Gelegentlich nehmen wir sie wahr und bemerken so ihre interessante Oberfläche, ihre Form, ihre Farbe. Manchmal sammeln wir den einen oder anderen Stein und bewahren ein besonders schönes **Exemplar** in unserer Hosentasche als Erinnerungsstück oder Glücksbringer auf.

Auch auf Kinder üben Steine eine große Faszination aus. Steine regen die **Fantasie** und **Kreativität** der Kinder an, indem sie Geschichten zu den Steinen erfinden, schöne Muster damit legen oder Steine zum Spielen nutzen.

Da liegt der Gedanke nahe, mit Steinen etwas Besonderes zu machen. Denn die Auseinandersetzung mit dem Thema „Steine" bietet eine Vielzahl an „Spiel- und Einsatzmöglichkeiten" in der **pädagogischen Praxis**. Auch für erste mathematische Grunderfahrungen, Experimente, Sprachspiele, Musik, kreatives Gestalten und vieles mehr können Steine genutzt werden.

Mit dieser Projektmappe möchten wir das **kindliche Interesse** an Steinen aufgreifen und vertiefen, um so die Kinder **ganzheitlich** mit diesem Thema vertraut zu machen. Wir zeigen Ihnen Ideen, wie Sie gemeinsam mit Ihren Kindern die Vielfalt der Steine entdecken und erforschen können. Als Leitfigur begleitet ein Steinmännchen mit dem Namen „Kurt Kullerstein" die Kinder durch diese Mappe und vermittelt ihnen in seinen Geschichten viele Informationen rund um das Thema Steine.

Da auch Sand untrennbar mit Natursteinen verbunden ist, und auf Kinder ebenfalls eine große Anziehungskraft ausübt, wird auch dieser Themenbereich aufgegriffen.

Die verschiedenen Aktivitäten dieses Projektthemas sind in einzelne Kapitel unterteilt, die aufeinander aufbauen. Es ist aber auch möglich, einzelne Angebote herauszunehmen, um beispielsweise Kinder in einem speziellen Bereich gezielt zu fördern oder auch das Interesse einer Kleingruppe aufzugreifen. Ebenfalls wird dem **natürlichen Bewegungsdrang** der Kinder Rechnung getragen, und daher werden sowohl Aktivitäten für drinnen als auch für draußen angeboten. Natürlich wurden bei der Auswahl der Angebote auch die unterschiedlichen Bildungsbereiche berücksichtigt und diese sind durch entsprechende Piktogramme für den Leser gut zu erkennen.

Wir wünschen Ihnen und den Kindern eine anregende und fantasievolle Zeit rund um das spannende Thema „Steine".

Ulrike Blucha
Iris Knauf

Vorwort

Symbole der Bildungsbereiche

Die Aktivitäten in dieser Projektmappe sind in verschiedene Bildungsbereiche gegliedert, die auf der Grundlage aller Bildungspläne der einzelnen Bundesländer basieren. Jede Aktivität beinhaltet einen besonderen Schwerpunkt. Jedoch lassen sich die Angebote nicht nur einem Bildungsbereich zuordnen, da im Mittelpunkt des Steine-Projekts eine ganzheitliche Förderung steht.

→ **Sprache**

→ **Kunst**

→ **Musik und Rhythmik**

→ **Bewegung und Gesundheit**

→ **Naturwissenschaft**

→ **Natur und kulturelle Umwelt**

→ **mathematische Grunderfahrung**

Hinweise zu den Kapiteln

Jedes Kapitel beginnt zur **Einstimmung** mit einer **Vorlese-Geschichte**. Im weiteren Verlauf der Kapitel werden einzelne Elemente der Geschichte bei den Angeboten wieder aufgegriffen, um das kindliche Interesse an der Projektarbeit zu vertiefen. Die Geschichten bauen aufeinander auf und sollten daher in der angegebenen Reihenfolge vorgelesen werden. Allerdings ist der Einstieg zu Kapitelbeginn kein Muss. Die Geschichten können auch zu einem anderen Zeitpunkt eingesetzt werden. Darüber hinaus sind in jedem Kapitel die Angebote zu den einzelnen Lernbereichen durch die links dargestellten Symbole gekennzeichnet.

Die Angebote sind folgendermaßen aufgebaut: Zunächst finden Sie eine Materialliste, die alle notwendigen Dinge umfasst, die für das jeweilige Angebot benötigt werden. Bitte behalten Sie immer die Sicherheit der Kinder im Auge. Insbesondere z.B. beim Umgang mit Werkzeugen oder Glas.

Weiterhin zeigt Ihnen die Anleitung **„So geht's"** Schritt für Schritt die Umsetzungsmöglichkeiten der einzelnen Angebote. Einige Angebote sind mit Tipps oder Varianten versehen, die Sie für weiterführende Spiele nutzen können. Aber sicherlich fallen den Kindern und Ihnen selbst noch andere Nutzungsmöglichkeiten ein.

Abschließend noch ein Tipp: Bevor Sie mit dem Projekt beginnen, sollten Sie mit den Kindern Regeln für die gemeinsame Arbeit vereinbaren und auf Gefahren beim Spielen mit Steinen aufmerksam machen. Besprechen Sie mit den Kindern folgende Fragen und suchen Sie gemeinsam nach einer Lösung: Was kann für uns gefährlich sein? Was müssen wir beim Spielen beachten?

Arbeitsblätter: Auf der Seite 30 finden Sie die Kopiervorlage „Steinbilder nachlegen", die Sie den Kindern zum Angebot bereitstellen sollten.

Bastelanleitung: Auf Seite 36 finden Sie eine Vorlage für die Herstellung einer Schachtel zur Aufbewahrung von Schätzen.

Tom und Charlotta bekommen ungewöhnlichen Besuch

Es ist schon ziemlich spät, fast 22.00 Uhr. Tom, 5 Jahre alt, und Charlotta, 7 Jahre alt, liegen schon in ihren Betten. Die beiden Geschwister teilen sich ein Kinderzimmer. Heute können sie gar nicht einschlafen, sie sind viel zu aufgeregt. Denn morgen fahren sie mit ihren Eltern in den Urlaub. Es geht in die Berge, und dort waren die Kinder noch nie. Beide haben sich schon einige Bücher mit Fotos und Bildern von Bergen und Gebirgen angesehen und Tom fragt sich, wie die Berge wohl gewachsen sind und ob sie immer noch weiter wachsen.
Draußen ist es noch gar nicht richtig dunkel. Es ist schließlich Sommer und heute war ein sehr heißer Tag. Mama hat deshalb das Fenster etwas aufgelassen, damit ein wenig frische Luft in das Zimmer kommt. Die beiden Geschwister unterhalten sich leise, damit Mama und Papa nicht merken, dass sie noch wach sind.

Plötzlich hören sie ein seltsames Geräusch. Es macht „Klack, klack" und dann hört es sich an, als ob etwas im Zimmer herumkullert.

„Charlotta, was machst du?", fragt Tom.
„Ich war das nicht", flüstert Charlotta.

Beide halten ängstlich den Atem an. Das Kullern hört auf und alles ist ruhig.

„Sollen wir Mama rufen?", sagt Tom. „Ich weiß nicht", meint Charlotta.

„Autsch, autsch, autsch!", ertönt es leise.

Tom und Charlotta bekommen ungewöhnlichen Besuch

„Maaaamaaa!" schreien beide Kinder wie aus einem Mund. Sofort geht die Kinderzimmertür auf und Mama und Papa stürmen herein. „Was ist los?"

„Hier ist jemand im Zimmer, ein Monster oder so!", piepst Charlotta. Tom hat sich schon halb unter der Bettdecke verkrochen. Mama und Papa suchen das ganze Zimmer ab, entdecken aber nichts Verdächtiges. Die Eltern versichern Tom und Charlotta, dass das Geräusch von draußen kam und machen das Fenster zu.

„Nun wird aber geschlafen, sonst seid ihr morgen nicht fit", ermahnt Papa und schließt die Tür.

Kaum haben die Eltern das Kinderzimmer verlassen, meldet sich eine fremde Stimme zu Wort: „Aua, aua, mein Kopf. Ja prima, jetzt ist das Fenster auch noch zu!" „Tom, mach das Licht an!", flüstert Charlotta. Tom drückt den Schalter und krabbelt ganz schnell zu Charlotta ins Bett. Die Kinder schauen sich im Zimmer um, können aber nichts Außergewöhnliches entdecken. „Klack, klack", da ist wieder dieses seltsame Kullergeräusch.

Mit klopfendem Herzen schauen sie zur Fensterbank hinüber. Da liegt ein kugelrunder Stein, und der war ganz bestimmt vorher noch nicht da.

„Wo kommt der denn her?", fragt Charlotta leise. „Keine Ahnung", sagt Tom. „Ich hab den nicht angeschleppt."

Dann bewegt sich der Stein plötzlich wieder. Tom und Charlotta reißen staunend die Augen auf: Der Stein hat ein Gesicht!

„Hallo", sagt der Stein. „Ich bin Kurt Kullerstein und wie heißt ihr?" Charlotta ist jetzt selbst starr wie ein Stein und blickt ängstlich zur Fensterbank. Doch Tom hält ihr die Hand vor den Mund, damit Charlotta nicht ihre Mama zur Hilfe holt. „Sei leise, Charlotta. Ich glaube, der ist nicht gefährlich." Tom nimmt seinen ganzen Mut zusammen und spricht den Stein an: „Ich heiße Tom und bin schon 5 Jahre alt. Und das ist meine Schwester Charlotta, die ist 7 Jahre alt. Was machst du denn überhaupt hier?"

Kurt Kullerstein kullert langsam hin und her. „Tja", sagt er. „Ich bin von einem Lkw aus dem Steinbruch gefallen und dann die Straße entlanggekullert. Da hat plötzlich ein großer Junge nach mir getreten. Dadurch habe ich ein paar richtige Hüpfer gemacht und bin durch euer offenes Fenster hereingekullert. Das tat ganz schön weh. Ich glaube, ich hab ein paar Schrammen abbekommen."

„Und wie bist du überhaupt auf den Lkw gekommen?", will Tom jetzt wissen.

„Ich komme aus einem großen Berg. Dort werden aus einem Teil des Berges kleine Steine gemacht. Der Lkw holt regelmäßig die kleinen Steine ab."

Jetzt sind Tom und Charlotta ganz aufgeregt. Ein Berg! Da wollen sie doch morgen hin!

„Warst du schon einmal in den Bergen?", fragt Tom. „Oh, ja. Dort komme ich ursprünglich her. Einige meiner Freunde und meine ganze Familie sind auch noch da. Und wir sehen alle anders aus. Es gibt große, kleine, graue, bunte, glitzernde und sogar ganz weiche!

„Dann weißt du vielleicht, wie die Berge wachsen?" Tom ist ganz aus dem Häuschen. „Erzähl es mir, bitte!"

Kurt Kullerstein gähnt. „Ich bin für heute ziemlich geschafft", meint er. „Aber morgen will ich euch gerne alles berichten. Am besten ist es, wenn ihr mich mitnehmt. Dann kann ich alles an Ort und Stelle erklären."

„Das ist eine gute Idee", sagt Charlotta und packt Kurt Kullerstein in ihren Rucksack. Sie schickt Tom wieder in sein Bett und dann schlafen alle drei ganz schnell ein. Kurt Kullerstein schnarcht sogar ein wenig. Das war für alle heute ein aufregender Tag.

Steinfigur: „Kurt Kullerstein"

Jedes Kind kann sich einen eigenen „Kurt Kullerstein" gestalten. Dieser begleitet die Kinder durch das gesamte Stein-Projekt. Die runden Steine können in der Umgebung von den Kindern selbst gesammelt oder z.B. im Baumarkt oder in einem Gartencenter gekauft werden.

Material

- runde Steine
- wasserfeste Stifte, Keramikstifte o.Ä.
- Glitzerstreu
- Klebstoff (am besten eignet sich Sprühkleber)
- Tonkartonstreifen (ca. 5 cm breit)
- Schere
- Tacker
- Klarlack

So geht's

- Die Kinder malen dem Stein mit wasserfesten Stiften ein Gesicht. Damit Kurt Kullerstein eine gute Figur abgibt, kann er zusätzlich mit Klarlack überstrichen werden.
- Ein angemessener Ruheplatz für Herrn Kullerstein ist ebenfalls notwendig. Denn so hat er keine Gelegenheit davonzukullern. Hierzu formen die Kinder aus einem Tonkartonstreifen einen passenden Ring. Die Ringgröße entspricht dabei dem Umfang des Steins. An einer Seite des Tonpapiers schneiden die Kinder ca. 1,5 bis 2 cm tiefe Zacken, wie bei einer Krone, und biegen diese nach außen.
- Anschließend besprühen oder bestreichen sie den Streifen Tonpapier dünn mit Klebstoff und bestreuen ihn anschließend mit Glitzerstreu. Nach dem Trocknen tackern die Kinder den Ring zusammen und „Kurt Kullerstein" kann sich eine erste Pause gönnen.

Stein ist nicht gleich Stein

So geht's

- Bei einem Steinspaziergang oder im Außenbereich des Kindergartens sammeln die Kinder verschiedene Steine. Je nach Verschmutzungsgrad werden die Fundstücke anschließend in einer Schüssel mit Wasser gereinigt, geschrubbt und abgetrocknet.
- Ein großes Tuch in der Stuhlkreismitte dient als Ausstellungsfläche, damit die Kinder die Möglichkeit haben, ihre Schätze genauer zu betrachten.
- Anschließend sucht sich jedes Kind seinen Lieblingsstein aus. Nacheinander erzählen die Kinder, weshalb sie genau diesen Stein ausgewählt haben. Dabei lernen sie spielerisch, Dinge zu beschreiben.

Material

- große, kleine, raue, glatte Steine
- Wurzelbürsten
- Schüsseln mit Wasser
- Trockentücher
- ein großes Tuch
- ggf. Küchenwaage
- Tuch zum Augen verbinden

Weitere Ideen

- Spielen Sie ein Tast-Kimspiel mit Steinen. Dabei legen Sie einige markante Steine mit einer interessanten Oberfläche in die Kreismitte. Ein Kind soll nun mit verbundenen Augen ertasten, welcher Stein vor ihm liegt.
- Die Kinder wiegen die verschiedenen Steine, um so den schwersten und den leichtesten Stein zu ermitteln.
- Die Kinder sortieren die verschiedenen Steine nach den Kriterien groß und klein, rund und spitz usw.
- Die Kinder legen mit den Steinen Figuren und Muster.

Wo ist der Stein?

Steine laden nicht nur zum Sammeln, sondern auch zum Spielen ein. Insbesondere in der heutigen Zeit, in der sich Kinder überwiegend mit Spielzeug aus Kunststoff beschäftigen, ist es von besonderer Bedeutung, ihnen einen Zugang zu Spielmaterialien zu eröffnen, die viel Raum für eigene Fantasien und sinnliche Erfahrungen ermöglichen. Zudem kann man so beispielsweise auch spontan Pausen bei Spaziergängen z.B. im Wald für einfache Steinspiele nutzen.

Material

- kleine runde Steine, die gut in der Hand liegen

So geht's

- Legen Sie einen kleinen Stein in eine Hand und zeigen Sie beide geöffneten Hände den Kindern.
- Danach schließen Sie beide Hände zu Fäusten.
- Nun sprechen Sie den folgenden Spruch und legen abwechselnd eine Faust auf die andere:

  „Ene, mene, meck,
  der Stein ist jetzt weg.
  Doch du weißt gewiss,
  in welcher Hand er ist!"

- Die Kinder erraten, in welcher Hand der Stein ist. Anschließend spielen sie das Spiel in kleinen Gruppen oder zu zweit.

Steinklang

So geht's

- Gemeinsam im Sitzkreis lassen die Kinder ihre Steine nacheinander klingen. Dabei erzeugen sie unterschiedliche Geräusche:
- Sie reiben die Steine fest und locker aneinander.
- Sie klopfen mit den Steinen auf unterschiedliche Oberflächen.
- Sie rollen kleine Steine in einer Klangschale oder in einer anderen Schale.

Material

- kleine und große, eckige und runde Steine
- Klangschale o.ä.

Tipp

Bitten Sie die Kinder, ihre Augen zu schließen. Gehen Sie dann im Raum herum und klopfen dabei die Steine aneinander. Die Kinder zeigen mit der Hand in die Richtung, aus der sie das Klopfen gehört haben.

Steine zeichnen

Material

- Steine
- Graues Tonpapier
- Kreide- oder Graphitstifte

So geht's

- Die Kinder suchen sich Steine aus, die ihnen besonders gut gefallen und legen sie auf graues Papier.
- Anschließend umfahren sie die Konturen der Steine mit einem Kreide- oder Graphitstift.
- Die Steinbilder erhalten ihren letzten Schliff, indem die Kinder die Konturen verwischen und die Innenflächen grafisch gestalten.

Tom und Charlotta in den Bergen

Am nächsten Morgen werden Tom und Charlotta schon sehr früh von ihrer Mutter geweckt. Zuerst wollen sie gar nicht aufstehen, aber dann fällt Tom ein, dass Kurt Kullerstein ja gestern aufgetaucht ist und in Charlottas Rucksack steckt.

„Los, Charlotta, lass uns nachsehen, ob der Stein noch da ist“, ruft er und springt aus dem Bett. Mit einem Satz ist auch Charlotta bei ihrem Rucksack und öffnet ihn. „Ja, da ist er! Kurt aufwachen, es geht los!“ In dem Moment kommt die Mutter ins Zimmer und mahnt: „Na, nicht erst noch spielen. Schnell anziehen und frühstücken, wir wollen los!“ Tom und Charlotta beeilen sich, und tatsächlich: Eine halbe Stunde später sitzen sie schon im vollgepackten Auto und sind auf dem Weg in die Berge. Der Rucksack mit Kurt Kullerstein steht auf dem Rücksitz zwischen den beiden. Kurt schlummert vor sich hin. Tom und Charlotta sind gespannt, was Kurt ihnen in den Bergen wohl alles zeigen wird.

„Was tuschelt ihr beiden denn eigentlich die ganze Zeit?“, will Mama wissen. „Och“, sagt Charlotta, „nichts Besonderes.“ „Nöö“, kichert Tom, „kullersteiniges Geschwistergeheimnis!“ Papa und Mama sehen sich verständnislos an und schütteln verwundert den Kopf.

Die Fahrt dauert sehr lange. Sie machen zwei große Pausen und sind fast zehn Stunden unterwegs. Seit den letzten zwei Stunden werden die Berge rechts und links der Straße immer höher und sie müssen mit dem Auto ziemliche Steigungen bewältigen. Tom und Charlotta sind trotz der langen Fahrt noch putzmunter und richtig aufgedreht. Plötzlich fängt es im Rucksack an zu rumpeln. „Hallo, holt mich hier raus. Ich will etwas sehen!“, ruft Kurt Kullerstein. Charlotta hebt ihn heraus. Er ist genau so aufgeregt wie die Kinder. „Die Alpen“, flüstert er mit großen Augen. Da ruft Papa: „Wir sind da. Alles aussteigen!“ Charlotta lässt Kurt Kullerstein schnell wieder im Rucksack verschwinden, schnallt sich ab und springt mit dem Rucksack aus dem Auto. Auch Tom ist schon ausgestiegen und sieht sich staunend um. Gemeinsam tragen sie das Gepäck in ihre Ferienwohnung und erkunden die Zimmer. „Lass doch mal deinen Rucksack stehen, Charlotta“, meint Mama. „Du lässt ihn ja überhaupt nicht mehr aus den Augen. Hast du etwas Wichtiges darin?“ „Ja, aber das ist ein kullersteiniges Geschwistergeheimnis!“, ruft sie und die beiden Kinder kichern, als sie Papas und Mamas erstaunte Gesichter sehen. Tom verkündet: „Wir schauen uns mal im Garten um.“ Und schon sind die beiden mit dem Rucksack verschwunden. Sie setzen sich auf den Rasen, packen Kurt Kullerstein aus und setzen ihn zwischen sich. „So“, meint Charlotta, „jetzt erzähl uns etwas über diese Berge.“ „Genau“, pflichtet Tom bei, „wachsen sie jetzt noch, oder nicht?“

„Also gut“, antwortet Kurt Kullerstein, „Hört zu! Wir sind hier in einem Teil der Alpen, der Wettersteingebirge heißt. Die Alpen sind ein furchtbar langes Gebirge, fast 1200 Kilometer lang. Nicht weit von hier ist der höchste Berg Deutschlands, die Zugspitze. Der ist knapp 3000 Meter hoch. Und die Alpen wachsen wirklich immer noch, Tom.“ „Wusste ich's doch!“ „Ja, aber nur in jedem Jahr einen Millimeter. Und das passiert so. Legt einmal eure beiden Hände nebeneinander flach auf den Rasen. So waren die Alpen auch zuerst, nämlich gar kein Berg sondern Flachland, sogar unter dem Meer. Dann hat sich in vielen Millionen Jahren das Land gegeneinander hochgeschoben. Schiebt einmal eure Handkanten aneinander hoch, sodass ein „Dach“ entsteht.“ Tom und Charlotta machen, was Kurt Kullerstein beschreibt. Und nun haben sie ein kleines Gebirge und verstehen, wie die Alpen entstanden sind. „Und da die Felsen immer noch etwas gegeneinanderdrücken, werden die Gebirge immer noch ein bisschen höher.

Weil aber die Felsen so hart sind, wachsen sie wirklich im Jahr nur ein ganz kleines bisschen.“ „Einen Millimeter“, murmelt Tom enttäuscht, „das kann man ja gar nicht sehen. Gut, dass ich schneller wachse!“ „Sind die Felsen und Berge denn alle gleich hart?“, will Charlotta wissen.

„Nein“, antwortet Kurt Kullerstein. „Es gibt ganz viele Unterschiede bei den einzelnen Gebirgen und Bergen. Ich bin z.B. aus echtem Marmor. Fühlt mal. Ich bin ziemlich hart und man kann mit den Fingernägeln keine Kratzer hineinmachen. Und wenn ihr mich schön schlei-

fen und polieren würdet, dann sähe ich noch viel besser aus. Viele meiner Verwandten aus Marmor sind aber nicht weiß, so wie ich, sondern schwarz, rötlich oder sogar hellgrün. Marmor ist ziemlich wertvoll und teuer. Diese Felsen hier sind aus Kalkstein. Vor Millionen Jahren sind sie im Meer entstanden, z.B. aus den Kalkablagerungen von den Lebewesen dort. Muscheln bestehen ja auch aus Kalk. Kalksteine sind meistens hellgrau oder etwas gelblich. Versteckt sich Eisen darin, sieht er ganz rot aus. Kalkstein ist nicht so hart wie Marmor und mit den Steinen kann man sogar malen." „Solche Malsteine kenn ich", ruft Charlotta. „Wir malen damit immer auf dem Schulhof."

„Ein Teil der Felsen hier ist aber auch aus Sandstein. Er besteht wirklich aus zusammengepresstem Sand, der einmal im Meer abgelagert war. Auch das hat natürlich viele Millionen Jahre gedauert. Aus Sandstein werden gerne Kirchen gebaut. Allerdings ist er sehr empfindlich und wird durch die Luftverschmutzung sehr angegriffen. Auch für Skulpturen kann man Sandstein gut verwenden, da er sich prima bearbeiten lässt. In ihn kann man z.B. mit dem Fingernagel schon kleine Zeichen ritzen."

Kurt schaut die beiden Kinder an. „Ich glaube, ihr seid doch ziemlich müde. Lasst uns ins Haus gehen." „Gute Idee", gähnt Tom. Charlotta will Kurt in den Rucksack packen, aber der hat noch eine Bitte. „Darf ich heute Nacht auf der Fensterbank schlafen. Dann kann ich gleich bei Sonnenaufgang die Berge sehen."

Den Wunsch erfüllen Tom und Charlotta Kurt Kullerstein natürlich gerne. Und nach dem Abendbrot gehen die beiden freiwillig sofort ins Bett und schlafen gleich ein.

123 Der schiefe Steinturm

So geht's

- Bei diesem Spiel geht es darum, einen möglichst hohen Turm zu bauen. Abwechselnd legen die Kinder einen Stein auf den nächsten, sodass ein Turm entsteht. Dabei beraten sich die Kinder auch gegenseitig, wo und wie sie den nächsten Stein platzieren.
- Es können beispielsweise auch mehrere Gruppen gegeneinander antreten. Die Gruppe, die die meisten Steine auf einen Turm gelegt hat, ist die Siegergruppe.

Material

- viele möglichst flache Steine
- Würfel

Variante

Die Kinder würfeln und so viele Augen der Würfel zeigt, so viele Steine nehmen sie sich pro Spielrunde für den Turmbau. Dann ist die andere Gruppe an der Reihe.

Steinige Geräusche

Steinrasseln

Material

- kleine und mittelgroße Steinchen, Sand
- leere kleine Dosen (Filmdosen, Kremedosen, Bonbondosen ...)
- buntes, festes Klebeband
- deckende Farben (z.B. Acrylfarben)
- mehrere Haarpinsel

So geht's

- Die Kinder füllen die Dosen mit den verschiedenen Materialien. Dann umwickeln sie die Dosen mit Klebeband, damit der Inhalt nicht verloren geht.
- Mit Farben und Pinsel gestalten die Kinder die Außenseite nach eigenen Vorstellungen.
- Im Anschluss probieren die Kinder ihre Rassel aus.
- Wie klingt Sand? Wie klingt ein Stein? Wie klingen viele Steine?

Variante

Füllen Sie je zwei Dosen mit den gleichen Materialien. Dann mischen Sie die Dosen. Die Kinder versuchen durch Schütteln, die Dosen zu finden, die zusammengehören. Denn je nach Größe der Dose und Füllmenge variiert der Klang der Rassel.

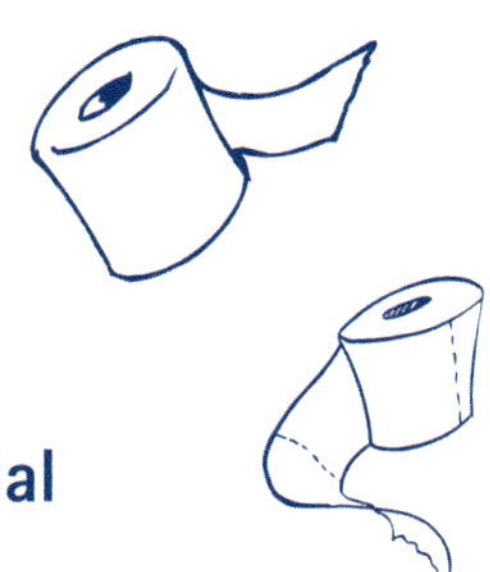

Steinrasseln aus Toilettenrollen

Material

- Toilettenrollen
- Luftballons
- festes, buntes Klebeband, Schere
- kleine Steinchen
- verschiedene Farben
- mehrere Haarpinsel

So geht's

- Zunächst malen die Kinder die Toilettenrolle von außen bunt an.
- Anschließend verschließen Sie eine Seite der Toilettenrolle stramm mit einem nicht aufgeblasenen Luftballon und fixieren diesen mit Klebeband.
- Danach befüllen die Kinder die Rolle mit Steinen.
- Die zweite Öffnung verschließen Sie ebenfalls mit einem Luftballon.
- Die Steinrassel ist nun einsatzbereit.

Tipp

Nutzen Sie die Steinrasseln für die Mitmachgeschichte auf Seite 31 oder begleiten Sie das Steine-Lied (Seite 20) im Takt mit den Steinrasseln.

Steine-Lied

Melodie: „Bruder Jacob"

2. Viele Steine, große, kleine,
nehme ich, nehme ich.
Mal wenige, mal viele,
mache damit Spiele.
Das macht Spaß, das macht Spaß!

3. Viele Steine, große, kleine,
habe ich, habe ich.
Leg' ein Bild mit Rahmen
oder meinen Namen.
Das ist schön, das ist schön!

4. Viele Steine, kleine, feine,
fein wie Sand, fein wie Sand.
Kann darauf gut gehen,
kitzeln an den Zehen.
Mach's doch auch, mach's doch auch!

5. Glitzersteine, Glitzersteine,
finde ich, finde ich.
Weil sie so schön funkeln,
auch sogar im Dunkeln.
Schau doch her, schau doch her!

Steinsammler

Material

- ein großer Korb mit verschiedenen Steinen
- pro Kind ein Sitzkissen
- ein großer Zahlenwürfel
- eine Handtrommel

So geht's

- Die Kinder setzen sich auf ihr Sitzkissen. Sobald Sie die Handtrommel schlagen, verlassen die Kinder ihr „Nest" (das Sitzkissen) und bewegen sich alle im Takt durch den Raum.
- Bei einem Trommelstopp werfen Sie den großen Würfel.
  Alle Kinder nehmen nun die entsprechende Anzahl von Steinen aus dem Korb und legen sie auf ihren Platz. Dann wird erneut getrommelt und beim nächsten Trommelstopp wieder gewürfelt. So können einige Runden gespielt werden.

Tipp

Auf diese Weise können die Kinder auch am Ende des Spiels ihre Steine wieder in den Korb zurücklegen.

Experiment: Kläranlage

Das Experiment zeigt, wie verdrecktes Wasser durch Filterung über Sand, groben Kies und Steinchen auf anschauliche Weise gereinigt werden kann. Das Resultat ist verblüffend: Das vorher trübe Wasser sieht wieder ganz sauber aus! Trotzdem sollte man es nicht trinken, weil es nicht frei von Keimen ist.

Material

- Kaffeefilter (ohne Filtertüte)
- ein Glas (450 ml)
- ein Glasgefäß, auf dem ein Kaffeefilter Halt hat
- Teelöffel
- Sand, grober Kies und Steinchen

So geht's

- Ein Kind nimmt sich ein Glas und holt von draußen etwa fünf Teelöffel Erde, die mit kleinen Steinchen, Ästen und verdorrten Blättern durchsetzt ist.
- Dann füllt ein weiteres Kind Wasser in das Glas, bis es halb voll ist. Alle Mitglieder der Gruppe rühren nun nacheinander das Gemisch um. Die Mischung sollte jedoch einige Zeit ruhen, bis das Experiment fortgesetzt wird. Dies ist notwendig, damit sich schwere Partikel am Boden absetzen können.
- In der Zwischenzeit waschen die Kinder den groben Kies und die Steinchen. Da diese als Filtermaterialien zum Einsatz kommen, müssen sie möglichst sauber sein.
- Die Kinder füllen die Materialien zu gleichen Teilen nacheinander in den Filter. Zuerst wird der Sand eingefüllt. Dann folgt der Kies und zum Schluss werden die Steinchen in den Filter gelegt. Danach wird der Filter auf ein leeres Glas gesetzt.
- Nun schüttet ein Kind das schmutzige Wasser in den Filter. Das Wasser durchläuft nacheinander alle Gesteinsschichten und kommt gereinigt im Glas an.

Erklärung

Die verschiedenen Gesteinsarten wirken wie ein Sieb und reinigen so das schmutzige Wasser. Je feiner die Körnung ist, desto sauberer wird das Wasser. Nach diesem Prinzip funktionieren Kläranlagen. Auch in der Natur durchläuft das Regenwasser die verschiedenen Bodenschichten (Erde, Sand, Kies ...) und wird so auf natürliche Weise gereinigt.

Tipp

Lassen Sie die Kinder ausprobieren, was passiert, wenn schmutziges Wasser nur eine Gesteinsart durchläuft. Das so gereinigte Wasser kann dann verglichen werden. Dabei werden die Kinder feststellen, dass die oben erklärte Filteranlage am besten funktioniert.

Wasser marsch ...

Regenmacher

Material

- pro Kind zwei handliche Steine

So geht's

- Jedes Kind erhält zwei Steine und schließt dann die Augen.
- Bewegen Sie sich leise im Raum und tippen Sie nacheinander einige Kinder an.
- Das angetippte Kind beginnt, beide Steine aneinanderzuschlagen. Nach und nach wird die „Steinmusik" immer lauter, sodass es wie das Prasseln von Regentropfen klingt.
- Um das „Regenwetter" ausklingen zu lassen, tippen Sie nacheinander die Kinder wieder an. Die Kinder stellen das Schlagen dann nach und nach wieder ein.

Wasserwerfer

Material

- kleine Steine
- Glasschüssel mit Wasser
- ruhige Musik

Tipp

Lassen Sie die Kinder nach dieser Runde erzählen, was sie gesehen und gehört haben.

So geht's

- Zur Untermalung des Spiels benötigen Sie ruhige Musik. Die Kinder sitzen im Kreis und reichen sich eine mit Wasser gefüllte Schale weiter, ohne dass das Wasser überschwappt.
- In der nächsten Runde wirft ein Kind einen kleinen Stein in das Wasser. Alle Kinder lauschen und warten, bis das Wasser wieder still wird.
- Dann wird die Schale weitergereicht und das nächste Kind wirft einen Stein ins Wasser.

Tom und Charlotta in der Steinausstellung

Tom und Charlotta sind mit ihren Eltern schon einige Tage in ihrem Urlaubsort in den Bergen. Sie haben Bergtouren gemacht und Pflanzen und Tiere, die es hier gibt, kennengelernt. Kurt Kullerstein ist natürlich immer dabei gewesen. Charlotta hat ihn in ihrem Rucksack bei jedem Ausflug mitgenommen.

Als sie heute von ihrer Bergtour zurückkehren, werden in der Stadt gerade Plakate geklebt. Sie laden zu einer Steinausstellung ein, die ab morgen im großen Saal der Stadthalle stattfinden wird.

„Was steht da?", fragt Tom. „Steinausstellung", antwortet Charlotta. „Können wir dahin gehen?" Tom sieht seinen Vater an. „Au ja, bitte!", bettelt Charlotta. „Seit wann interessiert ihr euch für Steine?", wundert sich Mama.
„Kullersteiniges Geschwistergeheimnis!", kichern die beiden. „Könnt ihr uns einmal erklären, was das bedeuten soll?", wollen Mama und Papa wissen. Aber Tom und Charlotta lachen nur und rennen voraus. Der Rucksack hüpft auf Charlottas Rücken mit. Bald hört man Kurt Kullerstein jammern: „Charlotta, geh langsamer. Ich stoße mir hier drinnen den Kopf ständig an deiner Brotdose!"

Am nächsten Tag besuchen Tom und Charlotta tatsächlich mit ihren Eltern die Steinausstellung. Natürlich ist Kurt Kullerstein auch mit dabei. Die Kinder sind ganz beeindruckt von den vielen Ständen, die Steine in allen Farben, Formen und Größen präsentieren. Im Rucksack poltert Kurt Kullerstein hin und her. „Charlotta, lass mich raus. Ich will auch etwas sehen!" Charlotta nimmt ihn vorsichtig heraus und versteckt ihn in ihren Händen. Kurt ist total aufgeregt. „Kurt, hör auf zu zappeln! Du fällst mir sonst herunter und tust dir wieder weh!" „Ja, ja, aber schaut mal, Tom und Charlotta. So viele verschiedene Steine. Das da ist z.B. Bimsstein. Er hat ganz viele Luftblasen und ist ein Vulkangestein. Er ist viel leichter als ich und kann sogar im Wasser schwimmen. Und hier ist auch Marmor. Daraus bin ich doch auch!" Kurt Kullerstein wollte gerade auf den Ausstellungstisch springen. Charlotta zischte: „Kurt, bist du verrückt? Da finden wir dich doch gleich gar nicht wieder!"

„Charlotta", rief Tom plötzlich. „Guck mal, dieser Stein ist durchgeschnitten. Und es glitzert in ihm!" „Ja", erklärt Kurt. „Das sind Quarzdrusen. Das sind Kieselsteine, die innen eine Höhle haben, an deren Wänden Kristalle gewachsen sind." „Drusen – Flusen", reimt Tom. „Oh, guckt mal, dieser Stein hat in der Mitte ein Loch!" Auch darüber weiß Kurt Bescheid. „Das ist ein Hühnergott. Den findet man ganz oft an der Ostsee!" Charlotta fängt an zu kichern. „Hühnergott! Was macht man denn damit?" „Dieser Stein ist schon sehr alt. Die Leute glaubten, dass der Hühnergott ein Glücksbringer ist. Früher haben die Menschen ihn an den Ställen aufgehängt, damit er das Geflügel vor bösen Geistern beschützte."

Tom und Charlotta gehen mit ihren Eltern weiter von Stand zu Stand. Sie sehen sich alles ganz genau an und Kurt Kullerstein weiß ganz viel zu erzählen. Charlotta schaut sich ganz lange die Edelsteine an, die in allen verschiedenen Farben schillern. Für jedes Sternzeichen gibt es hier auch Glückssteine. Die beiden Kinder sind so beeindruckt von den schönen, glänzenden Steinen, dass sie sich von ihrem Taschengeld einen kleinen Glücksstein kaufen.

Am Ende der Ausstellung überreden Tom und Charlotta Papa noch, ein Buch über Steine zu kaufen. Abends im Bett schauen sie sich die vielen Bilder darin an und Kurt Kullerstein erklärt so lange, bis allen dreien die Augen zufallen.
Die Glücksteine haben Tom und Charlotta ab jetzt immer in ihrer Hosentasche.

Taschenwärmer als Glücksbringer

Diese Handschmeichler können im Winter auch als Taschenwärmer genutzt werden. Dafür müssen sie nur kurz in der Mikrowelle erhitzt werden.

Material

- flache Steine
- weiße, kardierte (gekämmte) Wolle
- farbige Filzwolle
- eine flache Schale
- warmes Wasser
- Seifenlauge

So geht's

- Die Kinder reinigen die Steine und legen Sie zum Trocknen an einen vorgesehenen Platz.
- Zunächst umwickeln die Kinder den Stein kreuzweise in mehreren Lagen mit der weißen Wolle.
- Anschließend umwickeln sie den Stein ebenso mit zwei Lagen farbiger Filzwolle.
- Nun träufeln die Kinder etwas warmes Wasser auf den Filzstein und reiben ihn vorsichtig mit etwas Seifenlauge ein. Durch das warme Wasser, die Lauge und das Reiben verbindet sich das Gewebe.
- Nach und nach können die Kinder mit etwas mehr Druck arbeiten. Wenn der Stein fest umfilzt ist, wird die überschüssige Lauge in warmen Wasser ausgespült.
- Abschließend muss der Handschmeichler nur noch trocknen, bevor er in der Jackentasche als Wärmespender eingesetzt werden kann.

Steine sehen und fühlen

Stein-Kim

So geht's

- Die Kinder legen verschiedene Steine in die Mitte und bestimmen einen Spielführer.
- Dann sehen sich die Kinder die Steine genau an. Haben sich alle Mitspieler die Steine genau eingeprägt, schließen alle die Augen.
- Der Spielführer nimmt nun einen Stein weg. Welcher Stein fehlt?

Material

- eine Auswahl unterschiedlicher Steine

Fühlbeutel (für Steinexperten!)

So geht's

- Die Kinder nehmen die Steine aus dem Beutel, um sich mit den Formen und Eigenschaften der Steine vertraut zu machen.
- Nachdem sie alle Objekte genau betrachtet haben, legt ein Spieler alle Steine zurück in den Beutel. Jetzt wird gefühlt: Ein Kind beginnt und sagt: „Ich möchte den dicken, spitzen Stein aus dem Beutel." Das andere Kind erfühlt die Steine in dem Beutel und versucht, genau den Stein aus dem Beutel zu nehmen, der auf die vorgegebenen Eigenschaften am besten passt. Es sind mehrere Versuche erlaubt. Anschließend wird der Stein zurück in den Beutel gelegt und die Spieler tauschen die Rollen.

Material

- Beutel mit verschiedenen Steinen

Tipp

Helfen Sie den Kindern bei der Beschreibung eines Steins. Wie fühlt sich euer Stein an, rau, rissig oder glatt? Ist er rund, spitz, eckig oder flach? Fordern Sie die Kinder auf, die Steine genau zu befühlen. Dabei werden die Kinder feststellen, dass die Steine nicht nur verschieden aussehen, sondern sich auch unterschiedlich anfühlen.

Wörter rund um den Stein

Material

- die „Steinwörter" auf dieser Seite

So geht's

- Überlegen Sie gemeinsam mit den Kindern, welche Wörter es gibt, in denen das Wort „Stein" vorkommt. Einige „Steinwörter" finden Sie hier aufgelistet, aber bestimmt finden Sie noch mehr.
  Die so gesammelten Wörter können Sie zunächst aufschreiben, um damit anschließend weiterführende Spiele und Aktionen (wie zum Beispiel Montagsmaler oder pantomimische Ratespiele) durchzuführen.

Spaziergang durch die Stadt

Nicht nur in der Natur, sondern auch in Städten findet man überall Steine. Versuchen Sie, die Kinder zunächst im Gespräch darauf aufmerksam zu machen. Danach bietet es sich an, Steine oder Bauwerke aus Stein gezielt zu betrachten. Unternehmen Sie mit den Kindern eine Entdeckungstour in der näheren Umgebung. Sie werden staunen, wie häufig Steine verwendet werden und wie viele unterschiedliche Steine man findet.

Beispiele

- Bauwerke, Häuser, Stadtmauern ... sind aus verschiedenen Steinen gebaut.
- Denkmäler, Grabsteine ... sind kunstvoll aus Steinen gefertigt.
- Treppen und Brunnen sind häufig aus Stein gemacht.
- Pflastersteine sind zu schönen Mustern gelegt.
- Auch in Gärten und Parkanlagen findet man Steine, die Beete verzieren oder auch abgrenzen.

Weitere Ideen

- Besuchen Sie einen Steinmetz, um ihm bei der Arbeit zuzuschauen.
- Laden Sie einen Maurer in die Einrichtung ein, der über seine Arbeit berichtet!
- Schauen Sie bei Pflasterarbeiten zu.

Tipp

Nehmen Sie einen Fotoapparat mit, um die Entdeckungen festzuhalten. Fotografieren Sie schöne Steine und nehmen Sie die Steine mit in die Einrichtung. Die Fotos werden gut sichtbar ausgestellt. Dann legen Sie die gesammelten Steine zusammen mit anderen Steinen in einen Korb. Die Kinder haben nun die Aufgabe, die fotografierten Steine aus dem Korb zu suchen und den entsprechenden Fotos zuzuordnen.

Steinspiel mit Punktekarten

Material

- viele kleine Steine
- Blanko-Karten
- Kopiervorlage „Steinbilder nachlegen" (Seite 30) als Anregung
- Unterlage (Platzset)

So geht's

- Erstellen Sie Karten mit verschiedenen Punktemustern oder verwenden Sie die Kopiervorlage (S. 30).
- Das Kind zieht eine Punktekarte und legt die Steine in der Formation auf die vorgesehene Unterlagen, wie die Punkte auf der Karte angeordnet sind.

Alternative

Eigene Figuren und Muster (Haus, Männchen ...) aus verschiedenen Steinen legen. Der Fantasie sind hier keine Grenzen gesetzt.

Kopiervorlage

„Steinbilder nachlegen“

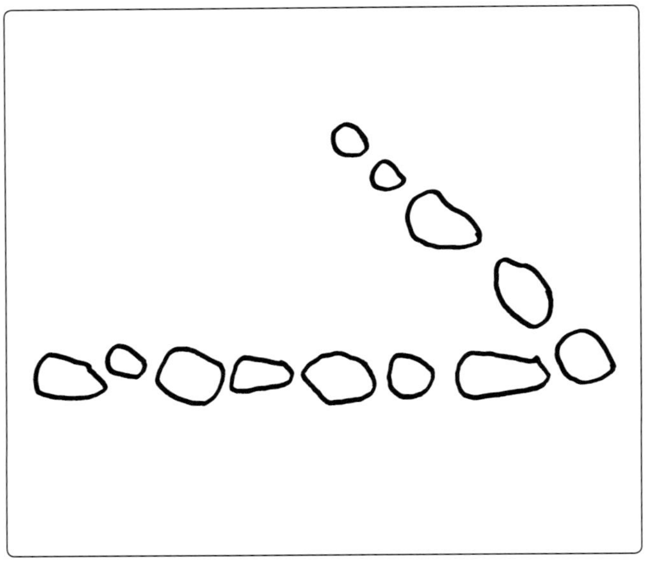

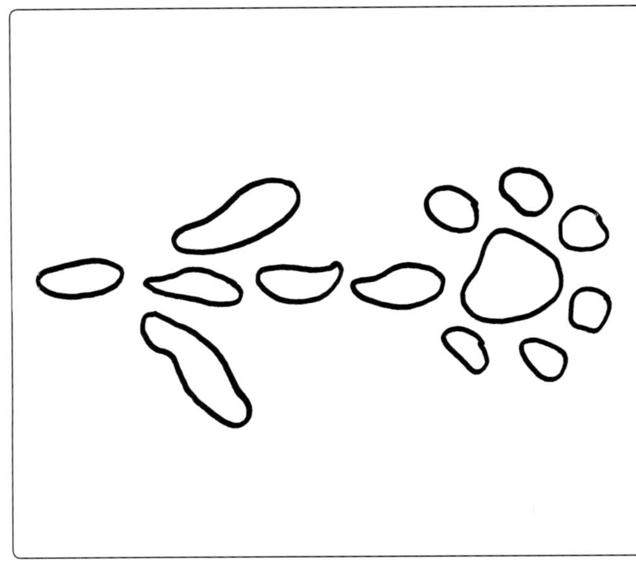

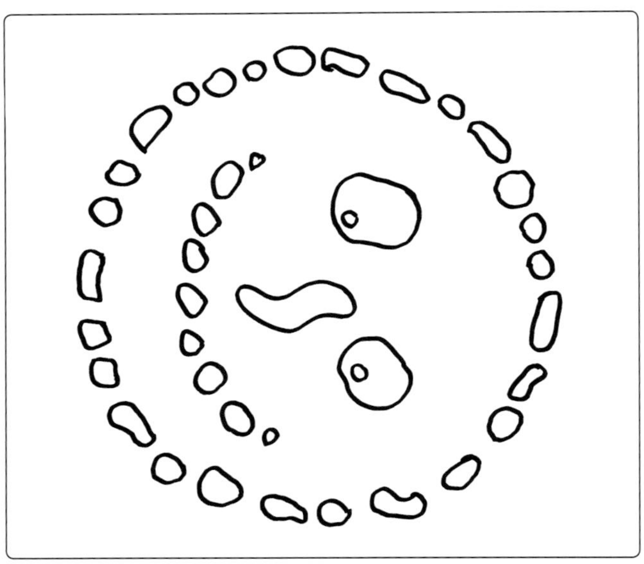

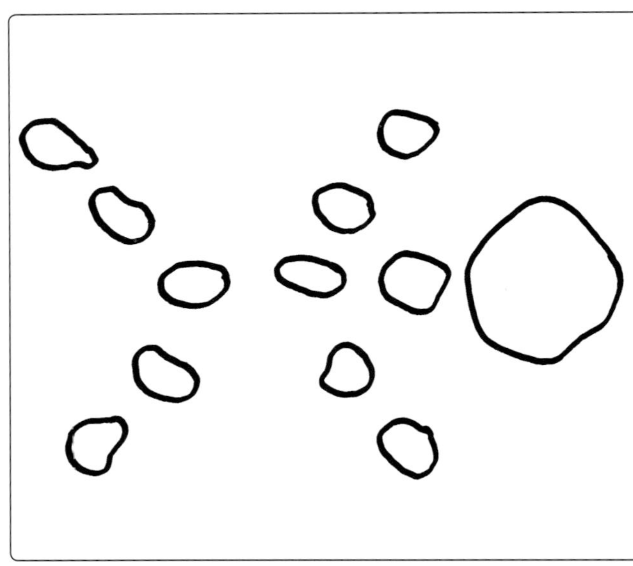

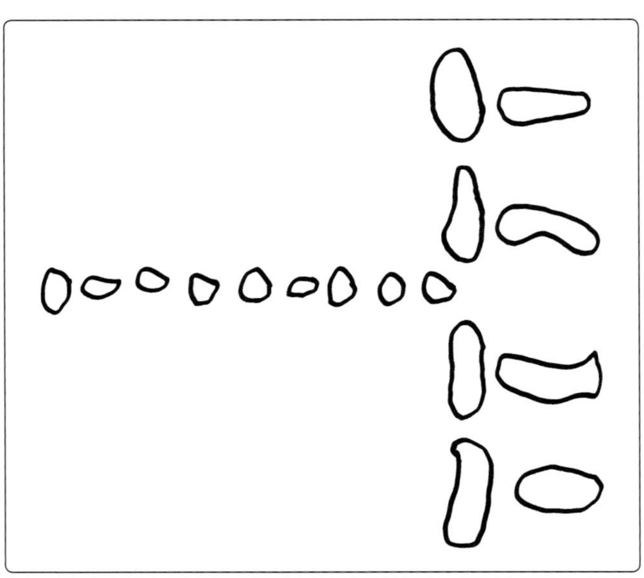

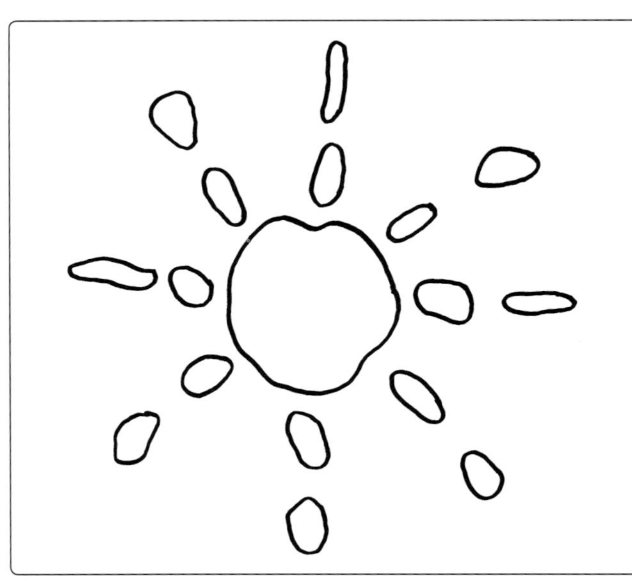

Mitmachgeschichte: Die Steinsuche

Mitmachgeschichten fördern die Konzentrations- und Reaktionsfähigkeit und sind darüber hinaus gerade bei Kindern im Vorschulalter sehr beliebt.

Material

- Text auf dieser Seite
- pro Kind zwei Kieselsteine oder die selbst gebastelten „Kurt Kullersteine"

So geht's

- Bevor es losgeht, erhält jedes Kind zwei mittelgroße Kieselsteine. Lesen Sie dann den Text der Steingeschichte langsam vor. Bei den farbigen Wörtern, den Steinwörtern, machen Sie eine kurze Pause. Bei jedem Steinwort schlagen die Kinder ihre Steine aneinander. Alternativ kann auch jedes Kind seinen Kurt Kullerstein in die Hand nehmen und damit vorsichtig bei jedem Steinwort auf den Boden klopfen.

Die Steinsuche

Tom und Charlotta spielten auf dem Hof. Charlotta war gerade dabei, mit einem Malstein ein Hüpfkästchen auf die Pflastersteine zu malen. Ihr kleiner Bruder Tom saß währenddessen auf der Steinmauer und schaute ihr zu. „Du kannst schon mal zwei Wurfsteine suchen, damit wir gleich spielen können!" Tom hüpfte von der Steinmauer. „Gut, dann gehe ich jetzt auf Steinsuche!", rief er und verschwand im angrenzenden Garten.

Kurze Zeit später schleppte er schnaufend einen sehr großen Stein an. „Der ist doch viel zu groß! Wir brauchen kleine Steine, die man gut werfen kann", erinnerte ihn seine Schwester. Tom drehte sich um und schleppte den großen Stein zurück. Hier im Garten gab es unzählige Steine, große, kleine und manche glitzerten sogar in der Sonne. Diese Auswahl machte seine Steinsuche nicht leichter, denn für welchen Stein sollte er sich da entscheiden?

Als er einen dicken Stein umdrehte, entdeckte er darunter viele Kellerasseln, Tausendfüßler und andere kleine Tierchen, die unter diesem Stein ein Versteck gefunden hatten. Das machte Tom natürlich neugierig. Sollten unter den anderen Steinen, die auf dem Boden lagen, auch Tiere versteckt sein? Und so drehte er einen Stein nach dem anderen um und staunte, was er alles zu sehen bekam. Die Suche nach dem Wurfstein vergaß er dabei vollkommen.

Erst als seine große Schwester rief: „Hast du immer noch keinen Stein gefunden? Hier liegen doch so viele Steine herum, das kann doch nicht so schwer sein?", fiel es ihm wieder ein. Charlotta sah, wie ihr Bruder die Steine herumdrehte und sich die Unterseite genau anschaute. Übellaunig meinte sie: „Na, da kann ich ja lange auf den Wurfstein warten!"

Doch Tom ließ sich nicht beirren, er untersuchte einen Stein nach dem anderen. Als er merkte, dass Charlotta schon ungeduldig gegen die liegenden Steine trat, schlug er vor: „Weißt du was, Charlotta? Ich glaube, ich will lieber noch weiter unter den Steinen suchen. Fang du doch schon mal mit dem Hüpfkästchen an!" „Dazu brauche ich aber immer noch einen passenden Wurfstein", schimpfte sie. „Bei den vielen Steinen, die hier herumliegen, wirst du bestimmt auch selbst einen Wurfstein finden", entgegnete Tom mürrisch und drehte sich um.

Tom und Charlotta finden einen Schatz

Über die Hälfte des Urlaubs ist schon vergangen. Tom, Charlotta und ihre Eltern müssen in fünf Tagen wieder nach Hause. Papa hat den beiden Kindern aber noch einige Ausflüge und Erlebnisse versprochen. Heute geht es auf eine Bergtour. Sie wollen hoch bis zu einer Berghütte kraxeln. Alle ziehen ihre Bergsteigerschuhe an und packen ihre Rucksäcke. Natürlich ist auch Kurt Kullerstein mit von der Partie. Er würde am liebsten Tag und Nacht in den Bergen herumkullern und alle seine Verwandten begrüßen.

Nach zwei Stunden anstrengendem Marschieren machen sie eine Pause auf einem kleinen Plateau. So nennt man eine ebene Fläche am Berg. Hier wachsen nur noch vereinzelt kleine Büsche und etwas Gras. Aber es liegen viele Steine und auch einige dickere Felsbrocken herum. „Geröll heißt das", sagt Kurt Kullerstein. Mama breitet eine Picknickdecke aus und Papa öffnet Brotdosen und Trinkflaschen. Tom und Charlotta merken erst jetzt, wie hungrig und durstig sie sind, und greifen schnell zu. Anschließend lässt Tom sich auf den Rücken fallen und meint: „Oh, hab ich viel gegessen. Jetzt bin ich kugelrund und kann den Berg herunterkullern!" Charlotta lacht: „Da hast du aber Pech. Wir müssen nämlich noch weiter den Berg hoch und nicht runter!" Aber Papa meint, etwas Zeit sei noch, und sie können sich noch ein bisschen ausruhen.

Da rumpelt es in Charlottas Rucksack. „Hallo, ihr beiden, lasst mich raus. Ich möchte an die frische Luft und etwas herumkullern." „Ist ja gut", flüstert Charlotta. „Aber bleib in unserer Nähe, sonst finden wir dich bei den vielen Steinen hier nicht mehr wieder."

Da sieht Charlotta plötzlich Tom wild mit den Armen winken. Er kniet etwas weiter entfernt und ist ganz aufgeregt. Sie läuft mit Kurt Kullerstein in der Hand zu ihm hin. „Was ist denn los?", fragt sie. „Ich hab einen Schatz gefunden. Guck mal. In diesem Stein erkennt

man eine Muschel! Genau wie auf den Versteinerungen in der Ausstellung." „So ein Quatsch", antwortet Charlotta. „Wir sind hier in den Bergen und nicht am Meer. Da kann doch keine versteinerte Muschel hier herumliegen. Tststs!" Charlotta schüttelt den Kopf.
„Doch, guck doch!" Tom ist völlig aus dem Häuschen. „Hier, Kurt, schau du auch mal." Und er hält Charlotta und Kurt Kullerstein wirklich einen Stein mit einem versteinerten Muschelabdruck hin. Charlotta staunt: „Das gibt's doch nicht! Das ist wirklich ein Schatz. Aber wie kommt der denn hierher?"

„Das kann ich euch erklären", meldet sich Kurt Kullerstein zu Wort. „Vor ungefähr 200 Millionen Jahren war Südeuropa noch von einem warmen Meer bedeckt. Abgestorbene Meeresbewohner wie Muscheln oder Schnecken, aber auch Pflanzen haben sich auf dem Grund abgelagert. Das Wasser hat immer weiter auf diese Ablagerungen gedrückt und sie fest zusammengepresst. So entstand Kalkstein.
Dann, vor ca. 100 Millionen Jahren, begann ein Teil dieser jetzt ganz dicken Steinplatte zu wandern. Er stieß an andere Steinplatten an und an der Stelle, wo sie aufeinandertrafen, schoben sie sich nach oben. So entstanden lauter Faltengebirge und ragten aus dem Wasser wie Inseln heraus. Innerhalb vieler Millionen Jahre schoben sich die Falten immer weiter aneinander hoch. So sind dann auch diese Berge, die Alpen, entstanden. Und weil das Gestein ganz, ganz früher eben unter dem Wasser lag, finden wir in den Bergen noch Versteinerungen von Muscheln und vielen anderen Meeresbewohnern."

„Das ist ja unglaublich", staunt Tom. „Das muss ich Mama und Papa erzählen." Er läuft los und rüttelt Papa an der Schulter. „Ich hab einen Schatz gefunden! Eine Versteinerung von einer Muschel! Und weißt du, warum die hier in den Bergen liegt?

Weil die Berge früher einmal unterirdisch waren und sich dann aufgetürmt haben", erklärt Tom seinem verdutzten Vater. „Ja", sagt Charlotta, „das hat aber viele Millionen Jahre gedauert."

„Woher wisst ihr das alles?", fragt Papa. „Kullersteiniges Geschwistergeheimnis", lachen die beiden.

„Lasst uns weitergehen", meint Mama. „Hinter das Geheimnis kommen wir sowieso nicht mehr." Sie sammelt die Picknicksachen ein. Charlotta verstaut den protestierenden Kurt wieder in den Rucksack und Tom packt vorsichtig seinen Schatz ein.

Handschmeichler in Serviettentechnik

So geht's

- Die Kinder reinigen die Steine und legen sie zum Trocknen an einen dafür vorgesehenen Platz.
- Kinder, die ihrem Stein eine Untergrundfarbe geben möchten, bemalen den Stein zunächst mit Acrylfarbe.
- Dann wählen sie ein Serviettenmotiv, das ihnen besonders gefällt und schneiden dieses aus.
- Im nächsten Schritt lösen die Kinder die weißen Lagen von der Serviette ab, sodass nur noch die Motivseite übrig bleibt.
- Die Bildseite wird mittig auf den Stein gelegt und vorsichtig von der Mitte zum Rand hin mit dem Lack eingepinselt.

Material

- Kieselsteine in verschiedenen Größen
- Acrylfarben
- Servietten mit verschiedenen Motiven
- Schere
- Lack für Serviettentechnik
- weiche Borstenpinsel

Schachtel für die Schatzsteine

Material

- dickes Aquarellpapier, mindestens 30 x 60 cm oder zwei kleine Bögen
- Becher mit Wasser
- kleine Schwämme
- mehrere Trinkhalme oder Pipetten
- Pulverfarben
- verschließbare Gläser oder Dosen
- Bleistift
- Schere
- Klebstoff
- Kopiervorlage „Schachtel und Deckel“ (Seite 36)

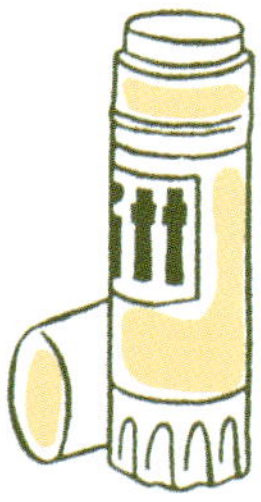

So geht's

- Setzen Sie die Pulverfarben nach Herstellerangaben mit Wasser an und füllen Sie diese in Gläser oder Dosen ab.
- Das Aquarellpapier streichen die Kinder nun mit einem feuchten Schwamm ein. Mit einer Pipette oder einem Trinkhalm nehmen die Kinder Farbe auf und träufeln bunte Tropfen auf das nasse Papier. Benutzen Sie für jede Farbe einen eigenen Trinkhalm oder eine eigene Pipette.
  Arbeiten die Kinder mit Trinkhalmen: Den Halm in das Farbglas tauchen, den Zeigefinger oben auf die Trinkhalmöffnung drücken und den Halm vorsichtig über das Papier bringen. Erst dann den Zeigefinger langsam anheben. Für kleinere Kinder sollten Sie den Trinkhalm kürzen.
  Sollte das Papier während des Gestaltungsvorgangs trocknen, können Sie es mit einer Blumenspritze wieder anfeuchten.
- Nachdem das bunt getupfte Papier getrocknet ist, zeichnen die Kinder auf der Rückseite mit dem Bleistift die Umrisse von Schachtel und Deckel und falten und kleben nach Anleitung (siehe unten).
- Wer möchte, kann die Schachtel zur besseren Haltbarkeit lackieren. Achtung: Dann aber erst verschließen, wenn der Lack komplett getrocknet ist.

Tipp

Kinder arbeiten leichter mit Pipetten. Diese lassen sich günstig organisieren, wenn Sie die Eltern darum bitten, ausgediente Pipetten z.B. von Ohren- oder Nasentropfen mitzubringen. Vor Gebrauch die Pipetten kurz auskochen.

Bastelanleitung für die Schachtel

Schneiden Sie den Umriss der Schachtel aus. Knicken Sie die gestrichelten Linien nach innen. Streichen Sie anschleißend die gestreiften Flächen von der Außenseite mit Klebstoff ein und kleben Sie sie innen an die jeweils danebenliegende viereckige Fläche. Etwas andrücken – fertig!
Fertigen Sie den Deckel auf die gleiche Weise an.

Kopiervorlage

„Schachtel und Deckel"

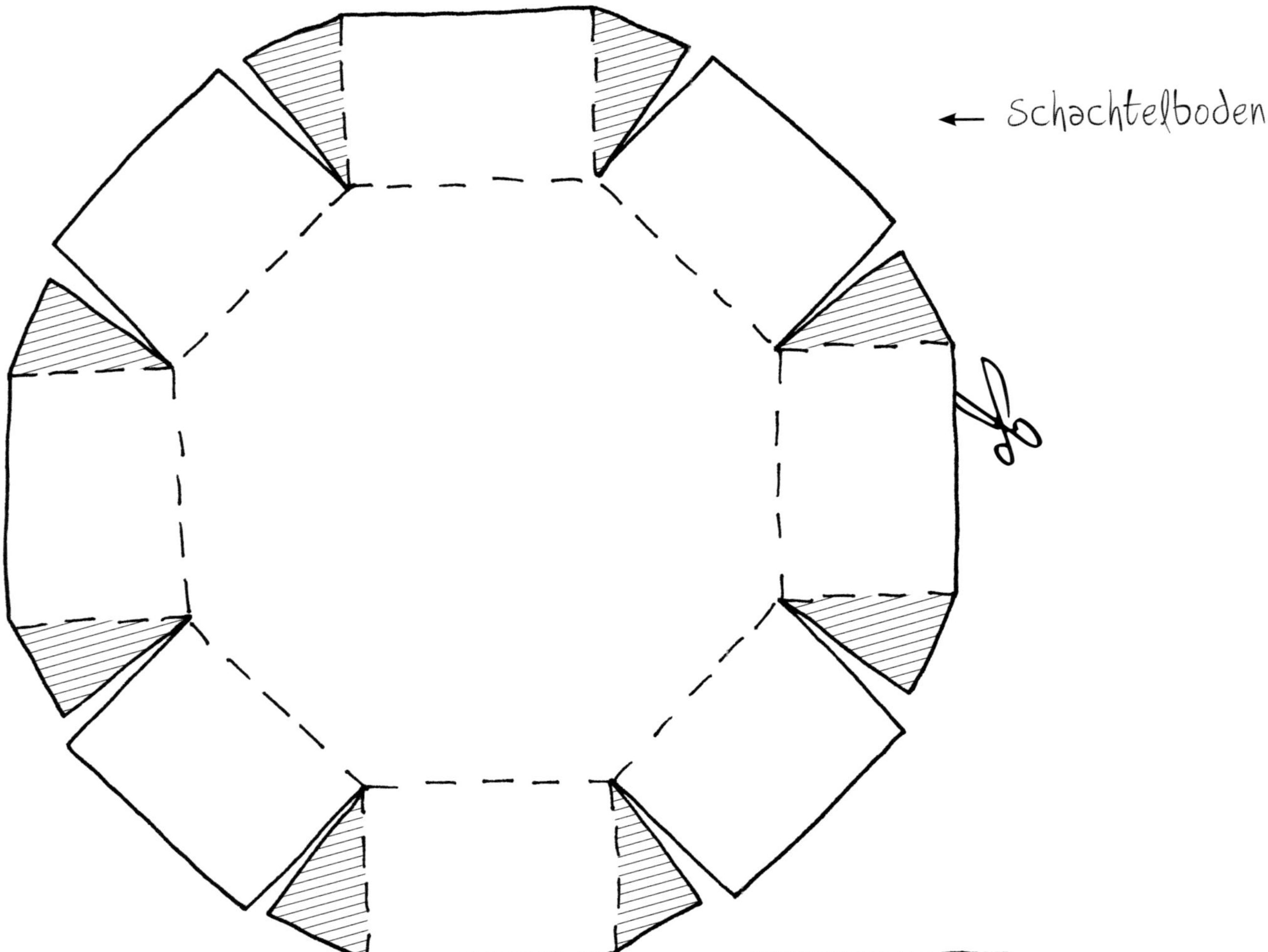

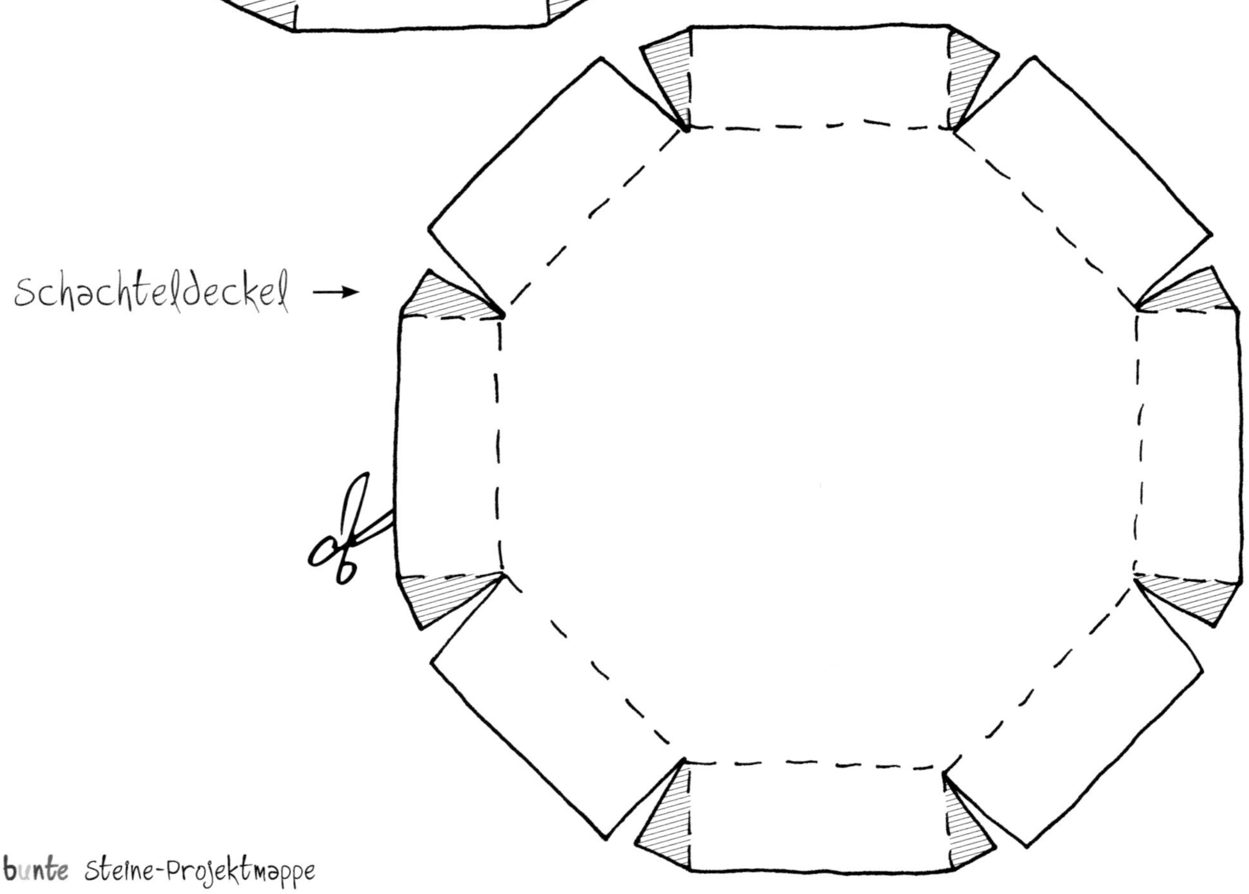

Versteinerung

Material

- pro Kind einen flachen Stein
- zwei kleine Steine

So geht's

- Verteilen Sie alle Steine im Raum auf dem Boden. Die Kinder bewegen sich im Raum und laufen um die Steine herum.
- Schlagen Sie zwei Steine aneinander und rufen Sie den Kindern zu, welchen Auftrag sie erfüllen sollen:

Stellt euch auf den Stein!

Setzt euch auf den Stein!

Legt euch auf den Stein!

Lauft rechts-/linksherum um euren Stein!

Variante

Schlagen Sie zwei Steine aneinander. Dies ist für die Kinder das Zeichen, wie versteinert auf der Stelle stehen zu bleiben. Es werden mehrere Durchgänge gespielt.

Kreide selbst gemacht

Kreide ist ein weißer, weicher und feinkörniger Kalkstein, der aus Kalkschalen verschiedener Meerestiere entstanden ist. Man verwendet Kreide als Färbemittel in Anstrichfarben oder als sogenannte Schlämmkreide in Poliermitteln oder Zahnpasten. Straßenkreide können Sie nach den folgenden Rezeptangaben recht problemlos und vor allem kostengünstig selber herstellen.

Material

- eine Kunststoffschüssel
- Wasser
- 3 EL Gips
- Farbpigmentpulver (alternativ kann man auch Lebensmittelfarbe verwenden)
- Rührbesen
- schmale Papprollen (z.B. von Papier-Küchentüchern)

So geht's

- Bei diesem Kreiderezept werden die Farben nacheinander angerührt. Zuerst geben Sie Wasser, Gips und die jeweilige Farbe in die Schüssel und verrühren alles zu einer Masse.
- Bevor der Farbbrei richtig bindet, gießen Sie ihn in die aufrecht stehenden Papprollen.
- Die angehende Kreide muss nun 3 – 4 Tage trocknen. Wenn Sie nach dem Trocknen etwas Papier von den Rollen lösen, können die Kinder mit dem „Kreidestift" prima auf der Straße malen.

Steinreise

Material

- CD-Spieler
- Musik-CD
- ein Stein

So geht's

- Alle Kinder sitzen im Kreis. Der Stein wird, während die Musik läuft, von einem Kind zum anderen im Uhrzeigersinn weitergegeben.
- Drückt der Spielleiter die Stopptaste des CD-Spielers, muss das Kind, das gerade den Stein in der Hand hält, eine vorher festgelegte Aufgabe ausführen. Beispielsweise: den Stein auf dem Kopf balancieren, den Stein leise zu Boden fallen lassen, das Steine-Lied singen ...

Tom und Charlotta im Steinbruch

„Wir reisen ab", sagt Papa am nächsten Morgen beim Frühstück. Tom und Charlotta gucken sich entsetzt an und protestieren: „Aber unser Urlaub ist doch noch gar nicht zu Ende. Wir wollen noch nicht nach Hause!" „Wer sagt denn, dass wir nach Hause fahren?", schmunzelt Papa. „Wohin fahren wir denn dann?", wollen die Kinder wissen. „Kullersteiniges Elterngeheimnis!", rufen Mama und Papa. „Ihr wisst ja gar nicht, was ein kullersteiniges Geheimnis ist. Und wir sagen es euch auch nicht!", grollt Charlotta. „Nöö", stimmt Tom zu. „Und jetzt sagt, wohin wir fahren, sonst esse ich nicht weiter."

„Okay", gibt Papa nach. „Wir fahren noch weiter und zwar nach Italien. Dort gibt es einen Ort, der Carrara heißt. Das Gebirge um Carrara besteht fast ausschließlich aus Marmor. Das ist eine ganz besondere und wertvolle Gesteinsart. In einem Steinbruch können wir uns dann ansehen, wie Marmor abgebaut wird."

Tom und Charlotta können vor Staunen nicht antworten. Dann springt Tom auf. „Komm, Charlotta", ruft er. „Das müssen wir ..." Er hält sich die Hand vor den Mund. Fast hätte er sich verplappert und Kurts Namen erwähnt. Er läuft ins Schlafzimmer und Charlotta stürmt hinterher.

„Was ist denn los?", fragt Mama. „Wir packen!", rufen die beiden.

Papa und Mama bleiben noch etwas am Frühstückstisch sitzen. Tom und Charlotta holen Kurt Kullerstein aus dem Rucksack und erzählen ihm die Neuigkeit. Der springt Charlotta vor lauter Vorfreude aus der Hand und kullert ausgelassen kreuz und quer durch das Zimmer.

Nach einiger Zeit fängt Mama an, aufzuräumen und zu packen. Papa verstaut alle Sachen im Auto und dann bringen sie die Ferienhausschlüssel dem Vermieter zurück. Es ist schon fast Mittag, als es losgeht Richtung Italien.

Die Fahrt dauert etwas mehr als 6 Stunden und es geht über Talbrücken, durch Tunnel, durch die Berge und über Serpentinen am Gebirge entlang. Tom und Charlotta ist es manchmal etwas mulmig, wenn es an den Seiten steil bergab geht.

Am frühen Abend kommen sie in Carrara an und suchen sich erst einmal eine Unterkunft. Tom und Charlotta staunen jetzt schon. In der Stadt sind sogar die Bordsteinkanten und Bürgersteige teilweise aus Marmor. Viele Marmorskulpturen stehen in den Gärten und der Berg hinter der Stadt leuchtet weiß. Nach dem Abendessen geht es früh zu Bett, denn schließlich wartet am nächsten Morgen ein großes Abenteuer auf sie.

Gleich nach dem Frühstück brechen sie dann auf. Auf einer schmalen Straße geht es in vielen Kurven den Berg zum Steinbruch in fast 1000 m Höhe hinauf. Papa muss sich beim Fahren ganz stark konzentrieren, denn immer wieder kommen ihnen Lkws beladen mit Marmorblöcken, entgegen. Und die Fahrer haben es sehr eilig und sausen ziemlich gefährlich den Berg hinunter. Charlotta und Tom sitzen ganz still im Auto und Mama hält sich ängstlich am Armaturenbrett fest. Charlotta hat Kurt aus dem Rucksack geholt und lässt ihn aus dem Fenster gucken.

Kurz vor der Bergspitze ist die Straße zu Ende. Höher dürfen Besucher nicht fahren. Auf schmalen Bergwegen ist die Weiterfahrt nur noch für die Lkw erlaubt. Auf einem kleinen Parkplatz stellen sie das Auto ab und steigen aus. Alles ist staubig und weiß hier oben. Um eine tiefe Schlucht ist ein Zaun gezogen und hinter der Schlucht sieht man die steile Bergwand. Sie ist wirklich aus fast ganz weißem Marmor. Auf einmal zeigt Tom aufgeregt auf die Bergspitze. Dort oben steht ein gelber Bagger, der aus der Entfernung aussieht wie ein Spielzeug, und schiebt Marmorblöcke zur Seite. „Hoffentlich stürzt der nicht ab", flüstert Charlotta ängstlich. „Keine Angst, Signorina", sagt auf einmal eine Stimme. Alle drehen sich um. Ein netter älterer Mann steht hinter ihnen. Er trägt Arbeitskleidung und einen weißen Helm. „Buon giorno (das ist italienisch und heißt „Guten Tag"), ich bin Signore Carlucci. Wenn Sie möchten, kann ich ihnen etwas über die Arbeit hier erzählen", sagt er. „Gerne", meint Papa und alle hören gespannt zu.

„Also, der Marmor hier ist vor über 30 Millionen Jahren entstanden. Früher haben die Leute gesagt, Marmor ist weißes Gold, weil er sehr wertvoll ist. Viele Künstler

haben daraus Statuen gemacht und ganze Paläste und Kirchen sind daraus gebaut worden."

„Aber wie kriegt man ihn dann aus dem Berg heraus?", will Tom wissen. „Er wird mit Seilsägen oder Schrämmaschinen aus den Steinbruchwänden herausgesägt. Seilsägen sind lange Stahlseile, die mit Hartmetallperlen besetzt sind und ständig mit Wasser gekühlt werden müssen. Schrämmaschinenen sind riesige Kettensägen, die mit Sägeschwertern von vier bis fünf Meter Länge riesige Blöcke aus den Gesteinsschichten schneiden können", antwortet Herr Carlucci. „Und wie kommen diese riesigen Teile dann zu den Künstlern?", fragt Charlotta. „Mit Druckluftbohrhämmern werden die Blöcke hier dann für den Transport zurechtgeformt, auf LKWs verladen und zum Hafen oder zur Fabrik gebracht. Im Hafen werden sie auf Schiffe verladen und in viele Länder der Erde verschickt. In den Fabriken werden sie weiterverarbeitet zu Platten, Fliesen, Denkmälern, Treppen, Fensterbänken und anderen Steinprodukten. Hier bekommen dann auch die Künstler ihre Marmorblöcke her." „Die Lkws sind uns schon entgegengekommen", meint Tom. „Die fahren ganz schön schnell."

Gerade will Charlotta etwas fragen, da gibt es ein riesiges Gepolter. Papa, Mama, Tom und Charlotta schauen entsetzt zum Berg hinauf. Ein großer Steinbrocken ist von oben heruntergestürzt und kracht in die Schlucht. „Nichts passiert", sagt Herr Carlucci. „Es passiert schon manchmal, dass sich ein paar Brocken lösen und herabstürzen. Manchmal knallt es noch lauter, wenn wir nämlich im Berg mit Sprengstoff etwas von dem Gestein heraussprengen müssen. Aber das kommt nur noch ganz selten vor. Als es die Seilsägen und Schrämmaschinen noch nicht gab, wurde fast nur mit Sprengstoff gearbeitet." „Und wie hat man das dann früher gemacht?", will Tom wissen. „Von Arbeitern wurden die herausgesprengten Steinblöcke mit der Hand bearbeitet und auf Ochsenkarren ins Tal gezogen." „Das war aber eine sehr schwere Arbeit", meint Tom. „Ja, und es hat fürchterlich gestaubt", antwortet Herr Carlucci. „Und bei der Weiterverarbeitung des Marmors, z.B. zu Bodenfliesen, mussten sogar Frauen und Kinder helfen.

So, nun muss ich aber weiterarbeiten. Sie können sich gerne noch in unserem kleinen Andenkenladen umsehen. Ciao und viel Spaß noch", verabschiedet sich Herr Carlucci.

Tom und Charlotta gehen mit den Eltern in den kleinen Laden. Hier gibt es nur Gegenstände aus Marmor zu kaufen. Tom sucht sich einen kleinen Hund aus Marmor aus, Charlotta eine Zahndose, Mama eine kleine Figur und Papa sogar einen Kugelschreiber. Auf dem Weg zum Auto hebt Tom noch ein kleines Stück Marmor auf, das am Rand des Zaunes liegt. Es hat die gleiche Farbe wie Kurt Kullerstein, ist nur nicht so schön rund und glatt. Schnell lässt er es in seiner Hosentasche verschwinden. Mit dem Auto geht es in langsamer Fahrt zurück in den Ort. „Wir fahren noch zum Hafen", verkündet Papa dann. „Dort können wir uns ansehen, wie die Marmorblöcke verladen werden." Tom und Charlotta finden, dass das ein toller Tag war. Am Abend zeigen sie dann Kurt Kullerstein ihre Andenken und Tom holt seinen kleinen Marmorbrocken aus der Tasche. „So sah ich auch mal aus", ruft Kurt. „Dann bin ich mit all den anderen Steinbrocken in einer Fabrik geschliffen worden. Mit uns kann man dann nämlich ganz toll Gartenbeete und Wege eingrenzen. Und dann bin ich ja von dem Lkw heruntergefallen. Aber, das wisst ihr ja. Gut, dass ich bei euch gelandet bin. Sonst hätte ich nie meine Marmorberge wiedergesehen." „Ja, gut, dass du bei uns gelandet bist", sagt Tom. „Sonst hätten wir nie so viel über Steine gelernt." Und er legt Kurt Kullerstein zum Schlafen vorsichtig auf sein Kopfkissen.

Steinige Wege

Steintransport

So geht's

- Steine können auf unterschiedlichen Wegen an ein festgelegtes Ziel gelangen. Die Kinder transportieren den Stein ...

  ... auf der flachen, ausgestreckten Hand,
  ... auf der Handspitze,
  ... auf dem Ellenbogen,
  ... auf dem Fußrücken,
  ... auf allen vieren krabbelnd mit dem Stein auf dem Rücken,
  ... auf dem Kopf,
  ... im Spinnengang mit dem Stein auf dem Bauch.

Material

- pro Kind ein kleiner, flacher Stein

Steinfiguren

So geht's

- Legen Sie gemeinsam mit den Kindern einen Steinweg oder eine große Figur. Je nach Steinbild balancieren die Kinder im Anschluss barfuß über die Steinreihe wie auf einem Drahtseil oder umlaufen die Steine.
- Alternativ gehen die Kinder im Vierfüßlergang über die Steinreihe, oder springen im „Zick-Zack" über den Steinweg.

Material

- flache, kleine und mittelgroße, polierte Steine
- Korb

Tipp

Falls möglich, können diese kleinen Kunstwerke auch noch nach der Motorikstunde liegen bleiben und von anderen bewundert werden. Oder die Kinder heben die kleinen Steine mit den Zehen auf und die größeren werden mit den Händen eingesammelt und in einen Korb gelegt.

Mandalas in Erdtönen

Material

- Kleister
- Wasser
- Stein, Kohle, Kalk, Ziegelsteine, Kreide
- Marmeladengläser
- Ton- oder Fotopapier in gedeckten Farben (dunkelgrün, dunkelviolett bzw. braun)
- Löffel

So geht's

- Mit einem Löffel schaben die Kinder von dem jeweiligen Stein feines Pulver ab.
- Das Pulver geben sie dann in ein Marmeladenglas und vermischen es mit Wasser und Kleister, sodass die Farben geschmeidig werden. Dabei richtet sich das Mischverhältnis nach der gewünschten Farbintensität. Um die Farbe flüssiger zu machen, kann bei Bedarf noch etwas Wasser hinzugefügt werden.
- Anschließend tragen die Kinder die Farbe mit den Händen auf das Tonpapier kreis- oder spiralförmig auf. Ob Striche oder Tupfer, wischen oder reiben – alles ist erlaubt. Dabei können die Erdtöne auch untereinander gemischt werden. Ist die Farbe getrocknet, erhält sie ihren ursprünglichen körnigen Zustand.

Steinige Fingerfarbe

Material

- verschiedene Fingerfarben
- unterschiedliche getrocknete Erdproben (Walderde, Sand, Kies ...)
- ein Sieb
- Schüsseln
- Becher
- Rührlöffel
- mehrere Haarpinsel

So geht's

- Zunächst sieben die Kinder die verschiedenen, getrockneten Erdproben.
- Dann rühren sie jeweils 1–2 Löffel unter etwas Fingerfarbe.
- Nun sind die Farben zum Malen einsatzbereit und die Kinder lassen ihrer Fantasie freien Lauf. Nach dem Trocknen erhalten die Bilder eine interessante Oberflächenstruktur.
- Als Alternative bietet sich auch Sägemehl an, um es unter die Farbe mischen.

Gebackene Vulkane

Mit diesem Rezept imitieren die Kinder einen Vulkanausbruch. Dabei sind der Teigdeckel die Erdkruste und die Marmelade das Magma. Den Mürbeteig bereiten Sie am besten schon am Vortag vor, entweder gemeinsam mit den Kindern oder alleine.

So geht's

Der Mürbeteig

- Häufen Sie auf der Arbeitsplatte das Mehl an und arbeiten Sie die Butter ein; dabei immer das Mehl von außen nach innen einarbeiten.
- Verrühren Sie das Eigelb und geben Sie es mit dem Salz zum Teig.
- Geben Sie den Zucker zum Teig und walken Sie alles gut durch.
- Formen Sie den Teig zu einer Kugel und lassen Sie ihn mindestens 8 Stunden in Folie verpackt im Kühlschrank.

Die Vulkankekse

- Kneten Sie den Mürbteig und rollen Sie ihn mit dem Nudelholz aus.
- Steche Sie jetzt mit runden Ausstechformen in Größe der Muffin-Backform Scheiben aus. Legen Sie in jede Backform eine Teigscheibe als Plätzchenboden.
- Geben Sie darauf einen Löffel rote Marmelade.
- Legen Sie nun eine weitere Teigscheibe als Deckel auf.
- Stechen Sie in die Mitte der Plätzchen ein Loch und stellen Sie die Formen bei 200 °C ca. 12 Minuten in den Ofen.

Die Kinder können nun beobachten, was beim Backen passiert: Das kleine Loch im Plätzchendeckel wirkt wie ein schwacher Punkt unserer Erdkruste. Wenn sich die Plätzchen erhitzen, dehnt sich die heiße Luft im Innern aus. Durch den Druck drängt die Marmelade nach oben. Beim „Ausbruch" der Plätzchenvulkane tritt die Marmelade wie „Lava" aus.

Zutaten

- 250 g Weizenmehl
- 50 g Zucker
- 1 Eigelb
- 130 g Butter
- 1 Pr. Salz
- rote Marmelade

Material

- Schüssel
- Frischhaltefolie
- Muffin-Backform
- runde Ausstechförmchen
- Topflappen
- Messer
- Löffel
- Nudelholz

Tom und Charlotta und der verschwundene Glitzerstein

Nun ist der Urlaub leider zu Ende und die Familie macht sich auf die Heimreise. Papa hat schon erzählt, dass es wieder über sehr hohe Berge, schmale Straßen und durch lange Tunnel geht. Die erste Pause machen sie aber noch in Italien. Sie wollen sich in einer großen Stadt eine ganz alte Kirche anschauen. Schon von außen sieht die Kirche riesig aus. Viele Figuren aus Stein schmücken die Wände und sogar das Dach. Innen ist es ziemlich kühl und etwas dunkel.

Tom bleibt stehen und schaut nach oben. „Oh, ist das hoch. Man kann das Ende ja bald gar nicht mehr sehen", staunt er. Charlotta holt heimlich Kurt Kullerstein aus dem Rucksack. „Da könnt ihr mal sehen, was man aus Steinen alles bauen kann", flüstert er. „Und das hält 1000 Jahre und noch länger. Schaut mal den Fußboden an. Der ist aus Marmor!"

Tom, Charlotta und die Eltern machen einen Rundgang durch die Kirche. In der Mitte, da wo sich alle Gänge treffen, befindet sich ein großes, buntes Mosaik. „Das ist ja ein schönes Bild", findet Charlotta. „Wie wurde das gemacht?" Mama erklärt: „Dieses Bild ist aus vielen kleinen, farbigen Steinchen entstanden. Wenn man etwas zurückgeht, kann man das ganze Motiv besser erkennen. Geht man ganz nah heran, sieht man die einzelnen Steinchen sehr gut."

„Schaut mal, manche sind sogar aus Gold und glitzern", ruft Charlotta. Tom und sie gehen nahe heran. „Ja und da in der Mitte bei den goldenen Glitzersteinen fehlt einer. Da ist ein Loch", bemerkt Tom und zeigt auf die Stelle. „Das Loch ist noch ganz frisch. Der Glitzerstein ist bestimmt erst seit kurzer Zeit weg. Das erkenne ich sofort. Schließlich bin ich Steinexperte", flüstert Kurt Kullerstein. Tom und Charlotta schauen sich an. Das ist ja spannend, denken sie. Ob sich jemand den Glitzerstein herausgenommen hat? „Vielleicht war der Stein ja lose und irgendwer hat ihn mit dem Fuß angestoßen und jetzt liegt er irgendwo unter den Bänken", vermutet Charlotta. „Komm, wir suchen ihn mal." Tom und Charlotta suchen mit den Augen den Fußboden ab. Dann krabbeln sie sogar auf allen vieren zwischen den Bänken herum.

„Was macht ihr denn da? Kommt bitte sofort zurück", schimpft Mama leise. „Aber wir suchen den Glitzerstein aus dem Mosaik", sagt Tom. „Welchen Glitzerstein? Habt ihr einen verloren?", fragt Papa. „Nein", erklärt Charlotta. „Aber im Mosaik fehlt einer." „Der kann doch schon seit 100 Jahren verschwunden sein. Lasst uns gehen", meint Mama. „Das Loch ist noch ganz frisch. Der fehlt erst seit Kurzem", behauptet Tom. „Woher wollt ihr das wissen?" „Kullersteiniges Geschwistergeheimnis", flüstern die beiden und grinsen.

In dem Moment kommt ein Kirchendiener in einem farbenprächtigen Gewand und fragt die Kinder, ob sie etwas verloren haben. Tom und Charlotta erklären, was sie suchen, und zeigen ihm das Loch im Mosaik. Und tatsächlich ist der Kirchendiener ziemlich erschrocken. Der Glitzerstein war gestern bestimmt noch da. „Und was machen wir jetzt?", will Tom wissen. „Bene" (das ist italienisch und heißt „gut"), überlegt der Kirchendiener. „Ich werde meine Kollegen fragen, ob die etwas gesehen haben, und dann schauen wir weiter."

„Aber wir wollen auch gerne wissen, ob der Glitzerstein wieder auftaucht. Können wir sie nicht sofort fragen?" Charlotta ist ungeduldig. Aber der Kirchendiener sagt, dass einige Kollegen jetzt frei haben. und Papa und Mama meinen, sie müssen endlich fahren.

Tom und Charlotta und der verschwundene Glitzerstein

„Ich hab eine Idee", sagt Tom. „Du kannst uns doch anrufen, wenn ihr den Glitzerstein gefunden habt." „Ja", nickt der Kirchendiener. „Das ist eine tolle Idee." Und er lässt sich von Mama die Telefonnummer aufschreiben.

„So, nun aber los!", sagt Papa und sie verlassen die Kirche. Nur Charlotta trödelt etwas. Sie hat nämlich Kurt Kullerstein in der Hand und der möchte noch gerne schauen, welche großen Statuen aus Marmor gemacht wurden und die Kirche schmücken.

Dann setzen sie die Heimreise fort. Sie verabschieden sich von den Bergen und wünschen sich, im nächsten Urlaub wiederzukommen.

Zu Hause wird nur noch das Gepäck aus dem Auto geholt, schnell etwas gegessen und dann fallen alle müde ins Bett.

Am nächsten Morgen, als sie beim Frühstück sitzen, klingelt das Telefon. Der Kirchendiener aus der Kirche in Italien meldet sich. Und er berichtet, dass der Glitzerstein wieder aufgetaucht ist. Er war wohl wirklich lose und ist beim Saubermachen in die Kehrmaschine geraten. Der Kirchendiener hat vorsichtshalber mit seinen Kollegen die Kehrmaschinen kontrolliert. Beim Ausleeren der Schmutzbehälter wurde der verlorene Stein dann tatsächlich gefunden. Deshalb bedankt der Kirchendiener sich noch einmal bei Tom und Charlotta. Wären sie nicht so aufmerksam gewesen, hätte niemand nach dem Glitzerstein gesucht und er wäre im großen Abfallcontainer gelandet.

„Gut, dass Kurt Kullerstein gesagt hat, dass das Loch noch ganz frisch war. Sonst hätten wir ja auch nicht nach dem Glitzerstein gesucht", flüstert Charlotta Tom zu. „Genau", antwortet Tom. „Kurt Kullerstein ist der Beste!"

Gipsmosaik

Kleine Mosaikbilder können auch schon die Jüngsten selber machen.

Material

- Gips
- Wasser
- Gefäß zum Anrühren
- alter Löffel, Spachtel oder Ähnliches
- Lebensmittelfarbe oder Abtönfarbe
- Einweg-Aschenbecher aus Alufolie (Gastronomiebedarf)
- Alufolie
- evtl. kleine Kieselsteine, Glitzernuggets

So geht's

- Breiten Sie die Alufolie auf einem Tisch aus, rühren Sie etwas Gips nach Herstellerangaben an und geben etwas Farbe hinzu.
- Gießen Sie die Gipsmasse dünn auf die Alufolie und lassen Sie sie trocknen. So verfahren Sie mit mehreren Farben.
- Die trockenen Gipsplatten brechen die Kinder dann in kleine Stücke. Nun rühren Sie noch einmal Gips ohne Farbzugabe an und füllen diesen in die Aschenbecherformen.
- Mit den bunten Stückchen legen die Kinder nun Muster in die weiche Gipsmasse. Wenn der Gips fest ist, können sie die Form leicht ablösen. Wer keine farbigen Gipsstückchen herstellen möchte, kann auch gut kleine Kieselsteine, Glitzernuggets oder Ähnliches verwenden. Ältere Kinder können auch schon Buchstaben legen.

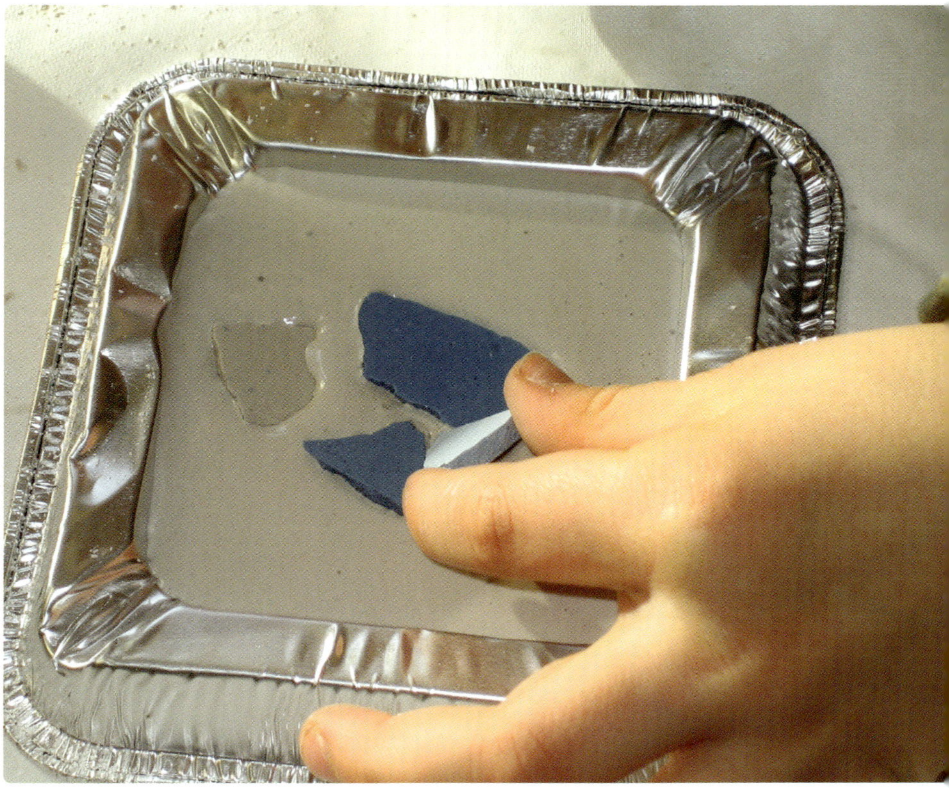

Glitzersteine auffädeln

Mit diesem Spiel werden das Farbverständnis und auch die Feinmotorik der Kinder gefördert. Je nach Altersstufe können die unterschiedlichsten Alternativen zum Einsatz kommen.

Material

- Farbwürfel
- eine Schale
- farbige Glitzersteine zum Auffädeln (in den Farben des Würfels)
- pro Kind ein Fädelband
- eine zuvor angefertigte Karte, auf der die Farbfolge der Kette festgelegt wurde

So geht's

- Füllen Sie die Steine in die Schale. Jeder Mitspieler erhält ein Fädelband und eine Karte, auf der die Farbfolge der Kette festgelegt ist.
- Nach dem Auszählen beginnt das erste Kind, mit dem Farbwürfel zu würfeln.
- Jedes Kind muss nun versuchen, die nächste Farbe seiner Karte zu würfeln, um seine Kette möglichst schnell fertig zu stellen.
- Die Farben der Karte müssen der Reihe nach erwürfelt werden. Kann eine gewürfelte Farbe nicht verwendet werden, darf der entsprechende Stein an einen Mitspieler verschenkt werden.
- Dann ist der nächste Mitspieler an der Reihe.
- Wer seine Kette zuerst fertig hat, hat gewonnen.

Fantasiereise: Ein besonders schöner Stein

Eine klangvolle Fantasiereise, die mit verschiedenen Steinen und Rhythmen verklanglicht wird.

Material

- ein Tuch
- pro Kind eine Matte oder ein Sitzkissen
- pro Kind zwei Steine
- Becher, mit kleinen Steinen gefüllt, oder Steinrasseln

Vorbereitung

- Legen Sie die Matten oder Sitzkissen in Kreisform. In die Kreismitte legen Sie ein Tuch, auf dem Sie einige Steine verteilen.

Einstieg

- Die Kinder sitzen mit geschlossenen Augen auf den Matten und halten eine Hand auf. Dorthinein legen Sie einen Stein, den jedes Kind ertasten soll. Wenn die Kinder erraten haben, was sie in den Händen halten, können sie sich darüber austauschen, wo ihr Stein wohl herkommt. Geben Sie den Kindern ausreichend Gelegenheit, sich darüber zu unterhalten.
  Nach dem Gespräch legen die Kinder die Steine auf das Tuch.

- Sie erzählen oder lesen die nun folgende Geschichte, allerdings ohne Einsatz der Steine als rhythmische Begleiter. Danach probieren die Kinder zunächst aus, wie man mit verschiedenen Steingeräuschen (aneinanderklopfen, -reiben ...) die Geschichte verklanglichen kann.

Fantasiereise: Ein besonders schöner Stein

Die Geschichte

Stell dir vor, es ist ein schöner Tag und du gehst spazieren. » zwei Steine aneinanderschlagen « *Die Sonne scheint hell und du spürst sie warm auf deiner Haut. Der Wind weht ganz sanft.* » einen Stein langsam über den Boden ziehen « *Froh gelaunt machst du dich auf den Weg und kommst zu einer Wiese.*

Als du über die Wiese läufst, merkst du, wie die Grashalme sanft an deinen Beinen entlangstreichen. » zwei Steine aneinanderreiben « *Das kitzelt schön. Überall blühen bunte Blumen. Als du an einer Blume riechen willst, siehst du einen kleinen Marienkäfer auf der Blüte. Er krabbelt flink hin und her.* » zwei Steine mehrmals schnell aneinanderschlagen « *Du hältst deinen Finger hin, vielleicht krabbelt er daran ja hoch. Aber stattdessen breitet er die Flügel aus und fliegt fort.* » einen Stein auf den Boden fallen lassen « *Du gehst weiter über die Wiese* » zwei Steine aneinanderschlagen « *und spürst die Grashalme an deinen Beinen.* » zwei Steine aneinanderreiben « *Um dich herum hörst du die Vögel zwitschern. Auch sie freuen sich über diesen schönen Tag. Nach einiger Zeit hörst du ein leises Rauschen* » Steinrassel oder mehrere Steine in einem Becher schütteln « *und fragst dich, was das wohl ist.*

Langsam und neugierig gehst du weiter über die Wiese. Das Rauschen wird immer lauter » Steinrassel oder mehrere Steine in einem Becher schütteln « *und mit einem Mal siehst du einen Fluss.*

Daher kam also das Rauschen. Am Flussufer liegen ganz viele Steine. Manche sind groß, manche klein, aber alle glänzen wunderschön. Du bückst dich und hebst einen Stein nach dem anderen hoch. Dabei stoßen die Steine sanft aneinander. » zwei Steine sanft aneinanderschlagen « *Einen besonders schönen Stein möchtest du mit nach Hause nehmen. Es fällt dir schwer, einen auszuwählen, denn jeder ist auf seine Art besonders. Jedes Mal, wenn du einen Stein wieder zurücklegst, klappert er an den anderen Steinen.* » zwei Steine sanft aneinanderschlagen «

Schließlich entscheidest du dich für drei Steine, die dir besonders gut gefallen. Du lässt sie nacheinander vorsichtig in deine Jackentasche kullern. Du freust dich über die schönen Steine und machst dich auf den Rückweg. » zwei Steine aneinanderschlagen « *Bei jedem Schritt klappern die Steine in deiner Jackentasche aneinander.* » Steinrassel oder mehrere Steine in einem Becher schütteln «

Das Plätschern des Flusses wird immer leiser » Steinrassel oder mehrere Steine in einem Becher schütteln « *und schon bist du an der Wiese angekommen. Wieder streicheln die Grashalme sanft an deinen Beinen, als du darüberläufst.* » zwei Steine aneinanderreiben « *Die Vögel zwitschern immer noch fröhlich und der Wind weht durch dein Haar.* » einen Stein über den Boden ziehen « *Fröhlich und gut gelaunt gehst du weiter* » zwei Steine aneinanderschlagen « *und freust dich über die schönen Steine in deiner Jackentasche.* » Steinrassel oder mehrere Steine in einem Becher schütteln «

Zu Hause angekommen, legst du die Steine auf das Fensterbrett. Dort glitzern sie in der Abendsonne und erinnern dich noch lange an den schönen Tag.

Rätsel

Mal ist er groß,
mal ist er klein,
doch meistens hart –
es ist ein Stein.

Tom und Charlotta und der Sandmann

„Mama, hast du ein Tuch oder ein Stück Stoff in meiner Lieblingsfarbe Blau?" Charlotta kommt ins Schlafzimmer, wo Mama gerade die schmutzige Urlaubswäsche sortiert. „Ja, in der obersten Schublade der Kommode. Aber was willst du damit?" „Kullersteiniges Geschwistergeheimnis", schmunzelt Charlotta und geht mit dem Tuch zurück ins Kinderzimmer. Dort wartet schon Tom mit Kurt Kullerstein in der Hand. Charlotta breitet das Tuch auf der Fensterbank aus und Tom setzt Kurt Kullerstein darauf. „So, Kurt. Hier hast du einen tollen Platz. Hier kannst du immer aus dem Fenster schauen", sagt er. Dann holt er aus seinem Rucksack noch seinen Schatz, die Versteinerung, und das Stückchen Marmor, das er in Carrara gefunden hat, und legt es ebenfalls auf das blaue Tuch. „Sieht aus wie eine Steinausstellung", meint Charlotta.

Tom räumt auch noch die restlichen Reiseutensilien aus seinem Rucksack und bemerkt: „Innen ist alles irgendwie sandig. Wie kommt denn das? Wir waren doch gar nicht am Strand." „Das kommt von den beiden Steinen", meldet sich Kurt Kullerstein zu Wort. „Wenn die sich aneinanderreiben, gehen kleinste Teilchen ab. Das ist dann Sand."

„So wird Sand gemacht?", wundert sich Charlotta. „Ja, so ähnlich", lacht Kurt Kullerstein. „Und wisst ihr was? Der Sand, der hier in Sand- oder Kiesgruben lagert, ist schon über zwei Millionen Jahre alt. Man nannte diese Zeit damals die Eiszeit. In ihr wechselten schreckliche Kälteperioden mit warmen Zeiten ab. Dadurch brach das Gestein in Stücke und wurde z.B. von größeren Flüssen weitertransportiert. Dabei zerbröselten die Steine und wurden immer feiner und kleiner. Riesige Sandbänke sind zum Teil so entstanden." „Was du alles weißt!", staunt Tom. „Ja, ich bin eben ein Steinexperte", sagt Kurt Kullerstein. „Und je nachdem, welche Gesteinsart zermahlen wurde, hat der Sand auch unterschiedliche Farben. Ihr könnt ja mal verschiedenen Sand in Gläser füllen. So kann man das gut erkennen. Dann habt ihr sogar eine Sandausstellung."

„Das ist eine Superidee!", ruft Tom begeistert und läuft auch schon zu Mama. „Mama, haben wir Gläser? Am besten zum Zuschrauben!", fragt er. „Ja, im Keller sind leere Marmeladengläser. Aber was habt ihr jetzt wieder vor?" „Kull ..." Tom will gerade antworten, da sagt Mama: „Ja, ja, kullersteiniges Geschwistergeheimnis. Ich weiß!"

Tom und Charlotta und der Sandmann

Tom und Charlotta holen ein paar Gläser aus dem Keller und gehen zuerst zum Sandkasten im Garten. Dort füllen sie ein Glas mit Sand und Charlotta schraubt es fest zu.

Dann gehen sie vorsichtig hinunter zum kleinen Fluss vor dem Haus und nehmen vom Ufer etwas Sand mit. „Der ist wirklich dunkler als der aus dem Sandkasten", bemerkt Charlotta. Sie bringen beide Gläser ins Kinderzimmer zu Kurt Kullerstein auf die Fensterbank. „Wir müssen heute Abend mal Papa fragen, wo wir noch mehr Sand finden können", meint Tom.

Als Papa ziemlich spät von der Arbeit kommt, bestürmen die beiden ihn gleich mit Fragen. Papa verspricht, darüber nachzudenken. „Aber ich weiß, wo es schönen weißen Sand gibt", sagt er. „Wo denn?", wollen Tom und Charlotta wissen. „Beim Sandmann!", lacht Papa, schnappt sich die beiden und bringt sie ins Bett.

*„Wieso hat der Sandmann weißen Sand?", will Tom noch wissen. „Weil der weiße Sand auch am Feinsten ist", sagt Papa. „Und das muss er doch sein, sonst täte es ja weh, wenn der Sandmann ihn den Kindern in die Augen streut. Außerdem sind in den weißen Sandkörnern die schönsten Träume versteckt."
„Aber warum kommt der Sandmann nicht jeden Abend? Dann hätte man doch in jeder Nacht einen schönen Traum", fragt Charlotta. „Er kommt jeden Abend", sagt Papa. „Doch manchmal seid ihr so müde, dass eure Augen schon vorher zufallen. Dann können die kleinen Sandkörner nicht mehr hinein und es gibt keinen schönen Traum."*

„Woher holt der Sandmann denn seinen Sand?", will Tom wissen. „Tja", sagt Papa. „Das weiß ich leider auch nicht. Das ist anscheinend sein Geheimnis. So, und nun mache ich das Licht aus, sonst verpasst ihr ihn heute Abend noch. Schlaft gut und träumt schön." Papa gibt den beiden noch einen Gute-Nacht-Kuss und geht aus dem Zimmer.

„Ich glaube, ich hör den Sandmann schon", flüstert Charlotta. „Ich bin nur froh, dass der Sandmann feinen Sand nimmt und nicht „Steinmann" heißt und Steine streut. Dann hätte man keinen schönen Traum sondern eine Beule", kichert Tom. „Und morgen frag ich Kurt Kullerstein, wo der Sandmann seinen Sand findet. Der weiß das bestimmt. Aber wir verraten das dann nicht. Das ist dann auch ein kullersteiniges Geschwistergeheimnis."

Tom gähnt und ist, genau wie Charlotta, schon fast eingeschlafen.

Spielideen mit Sand

Matschwanne

Eine ausgediente Duschwanne (Zementwanne oder ausgediente Blechwanne) kann mit Wasser und Sand befüllt und so als Matschwanne genutzt werden.

Rohre und Trichter

Es müssen keine teuren Sandspielsachen sein, denn für ein kreatives Spiel im Sand eignen sich auch prima Trichter, Siebe, Gießkannen und andere Dinge aus dem Haushalt. Auch Plastikrohre und -schläuche (mit entsprechend dickem Durchmesser) oder andere Materialien aus Heimwerkermärkten können den Sandspielbereich attraktiver machen.

Sandgießen

Mit einer Gießkanne oder einem Plastikbecher, in dessen Boden zuvor Löcher gebohrt wurden, können sich die Kinder gegenseitig mit trockenem und gesiebtem Sand die Hände „begießen". Ebenso können sie Bilder oder Muster auf den Weg oder Asphalt malen.

Sandspur

An heißen Tagen können Sie auch eine Sandspur im Sandkasten machen, die die Kinder mit den Füßen ertasten sollen. Gießen Sie dafür eine Spur aus Wasser in den Sand. Die Kinder sollen nun blind die Spur auf dem feuchten Sand ertasten.

Gold schürfen

Mit diesem einfachen Spiel können die Kinder „Edelsteine" aus dem Sand heraussieben und anschließend sortieren.

So geht's

- Befüllen Sie eine große Wanne mit trockenem Sand, und vergraben Sie verschiedene Halbedelsteine.
- Die Kinder suchen die versteckten Schätze, indem sie den Sand durchsieben.

Material

- eine große Wanne mit Sand
- verschiedene Halbedelsteine oder andere besondere Steine
- Siebe
- evtl. Schaufeln

Sandige Motorik-Spiele

Spiele, die die taktile Wahrnehmung unterstützen und die Auge-Hand-Koordination trainieren.

Sand-Darts

Material

- Sandfläche
- breite Schaufel
- 6 stabile Stöcke
- Schnur

So geht's

- Klopfen Sie die Sand-Spielfläche (ca. 1,5 m^2) mit der breiten Schaufel glatt.
- Befestigen Sie an einer Schnur an einem Ende einen Stock, nach 10 cm knoten Sie den nächsten Stock an die Schnur. Anschließend werden 4 weitere Stöcke im Abstand von ca. 15 cm an der Schnur befestigt.
- Nun zeichnen Sie die Dartscheibe auf: Dazu stecken Sie den ersten Stock in die Mitte der Spielfläche und ziehen mit den anderen Stöcken der Reihe nach einen Kreis um den Mittelpunkt.
- Aus feuchtem Sand formen die Kinder eine Kugel und werfen aus einem Abstand von 2–5 m, je nach Alter der Mitspieler, auf die Scheibe.
- Ein Treffer im Innenkreis zählt 5 Punkte, im ersten inneren Ring 4 Punkte, im zweiten Ring 3 usw. Bei einem Treffer auf den Linien werden 0,5 Punkte zu dem betreffenden Ringpunkt hinzugezählt. Gewonnen hat der Spieler mit der höchsten Punktzahl.

Sand-Boule

Material

- größere Sandfläche
- Harke oder Rechen
- größere Murmel
- Maßband oder Zollstock

So geht's

- Harken Sie die verfügbare Sandfläche gleichmäßig. Nun wirft ein Kind vom Rand der Fläche eine Murmel in das Spielfeld. Dann formt sich jeder Mitspieler aus feuchtem Sand eine feste Kugel.
- Der Reihe nach versuchen die Spieler, diese Kugel möglichst nahe an die Murmel zu werfen. Derjenige, der am nächsten herankommt, ist Sieger. Wem es gelingt, mit seiner Sandkugel die Murmel zu treffen und sie zu verdecken, ist Boule-König.
- Bei diesem Spiel wird der Sieger in jeder Runde ermittelt. So wird es nicht zu langweilig und die Kinder können beliebig aus dem Spiel aussteigen oder hinzukommen. Zwischendurch muss das Spielfeld immer wieder geharkt werden.

Sandmalerei

Sandbilder

Material

- Kleister
- Plastikflaschen
- große Bögen festes Papier
- Sand

So geht's

- Füllen Sie in Plastikflaschen dünnflüssigen Kleister.
- Die Kinder nehmen nun die befüllten Flaschen und geben die Kleistermasse auf großes, festes Papier.
- Nun wird das Ganze nach Lust und Laune mit Sand bestreut.
- Die Kinder schütteln den überschüssigen Sand ab und das Kunstwerk aus Kleister und Sand ist vollbracht.

Sandmalerei

Material

- ein Tablett
- feiner Sand (Quarz- oder Vogelsand)
- ein Stöckchen

So geht's

- Das Kind bestreut ein Tablett einen Zentimeter dick mit Sand.
- Je nach Lust und Laune können mit einem Stöckchen oder den Fingern Muster, Spiralen, Ornamente und eigene Bilder in den Sand gezeichnet werden.

Sandskulpturen

Sand hat besonders in Kombination mit Wasser eine große Anziehungskraft. Durch die Zugabe von Kleister gibt es noch mehr Einsatzmöglichkeiten und die Werke aus Kleistersand haben viele Vorteile:

- Sie halten länger als einfache Sandgebilde.
- Sie bieten viele taktile Wahrnehmungsmöglichkeiten durch die unterschiedlichen Werkstoffe (Temperatur, Beschaffenheit, Gewicht).
- Sie regen die Fantasie an und lassen sich umformen und neu gestalten.
- Gemeinsame Arbeiten stärken das Sozialverhalten.

Material

- Sand
- große Kunststoffwanne
- 10-l-Eimer
- Tapetenkleister
- Wasser
- Sandsiebe
- Maurerkelle oder alte Löffel

So geht's

- Rühren Sie in einem Eimer Kleister und Wasser nach Packungsangabe dick an. Hier können die Kinder ruhig schon mit den Armen rühren und die Masse schlagen.

- Während der Kleister eindickt, sieben die Kinder möglichst viel Sand und häufen ihn an einer Stelle auf.
- Geben Sie die Kleistermasse in die Wanne und fügen Sie soviel feinen Sand hinzu, bis eine gesättigte Masse entsteht. Der Kleistersand muss stabil sein, damit die geformten Teile nicht mehr verlaufen.
- Nun kann mit dem künstlerischen Teil gestartet werden. Am einfachsten lassen sich zuerst z.B. Kugeln formen und Motive in den trockenen Sand legen. Erst nach dieser Probephase sollten die Kinder Gebilde in die Höhe bauen. Als Gestaltungswerkzeuge eignen sich gut Maurerkellen und alte Löffel. Das herkömmliche Sandspielzeug ist weniger geeignet, da es zu dick und grob ist. Mit schönen Steinen, Muscheln oder Blättern lassen sich die Skulpturen verschönern.

Tipp

In den Kleistersand können die Kinder auch gut Mandalas aus Muscheln oder Steinen legen.

Literatur- und Internettipps

Literatur zum Projekt-Thema „Steine"

Buggisch, Werner; Buggisch, Christian:
Was ist Was? Band 45
Mineralien und Gesteine.
ab 8 J. Tessloff Verlag, 2004.
ISBN 978-3-7886-2850-5

Heller, Almut:
Sehen – Staunen – Wissen
Gesteine und Mineralien.
ab 7 J. Gerstenberg Verlag, 2007.
ISBN 978-3-8369-4540-0

Kinderbücher zum Thema „Steine"

Lionni, Leo:
Alexander und die Aufziehmaus.
ab 4 J. Beltz & Gelberg Verlag, 2004.
ISBN 978-3-407-77008-0

Pfister, Marcus:
Mats und die Wundersteine.
ab 4 J. Nord-Südverlag, 2006.
ISBN 978-3-314-00780-4

Literaturtipps für weitere Projekte

Blucha, Ulrike; Knauf, Iris:
Wachsen und größer werden.
Die Kinder-Lernwerkstatt.
3–6 J. Verlag an der Ruhr, 2007.
ISBN 978-3-8346-0201-5

Casey, Beth; Jones, Caroline:
Lernen kann ich überall!
Weltentdeckungen und Lernanregungen
für 3- bis 5-Jährige.
3–5 J. Verlag an der Ruhr, 2007.
ISBN 978-3-8346-0243-5

Erkes, Martina:
Über den Wolken.
Die Kinder-Lernwerkstatt.
3–6 J. Verlag an der Ruhr, 2007.
ISBN 978-3-8346-0317-3

Hündlings, Andrea:
Wasserforscher und Luftikusse.
Ausgearbeitete Experimentierstunden
für 4- bis 7-Jährige.
4–7 J. Verlag an der Ruhr, 2007.
ISBN 978-3-8346-0237-4

Internettipps

- **www.kindergartenpaedagogik.de**
  Internetseite mit vielfältigen Fachbeiträgen zu Fragen der Frühpädagogik.

- **www.wissen-und-wachsen.de**
  Das Portal Wissen & Wachsen bietet Tipps und Anregungen für die tägliche, praktische Arbeit, informiert über interessante Termine und dient als Austauschplattform für alle Interessierten.

Bildnachweis

Cover-Foto © Martina Stumpp – Fotolia.com | S. 13 © Igor Profe – Fotolia.com | S. 14 © Gabriele Rohde - Fotolia.com | S. 18 © Katarina Raker | S. 21 © Marilyn Barbone – Fotolia.com | S. 23 © Slicer – PIXELIO | S. 32 © Hanspeter Bolliger – PIXELIO | S. 37/38 © Katarina Raker | S. 39 © Galyna Andrushko – Fotolia.com | S. 42 © Turid Bjørnsen – Fotolia.com | S. 44 © beginninoftheend – PHOTOCASE | S. 48 © •|3 r € € z €|• – Fotolia.com | S. 49 © Anna Karwowska – Fotolia.com | S. 53 © Sir Aragorn – Fotolia.com | S. 55 © zimpersuse – PHOTOCASE | S. 57 © Olga Lyubkina – Fotolia.com